AF211446

*fine*BOOKS

IMPRESSUM

© fineBooks, 2021. 2., überarbeitete Auflage
Alle Rechte vorbehalten. Nachdruck und Vervielfältigungen –
auch auszugsweise – nicht gestattet.

Herausgeber: Alexander Broicher
                    finebooksverlag.com

Gestaltung, Satz: Mo Tapprogge
                    mo-creation-design.com

Lektorat: Bernd Jost

Redaktion: Samara Insel

Printed in Germany
ISBN 978-3-9483-7325-2

STEFAN DATT

Yoga Geheimnisse

ENTDECKUNGEN & ERKENNTNISSE
JENSEITS DER YOGAMATTE

Vorwort

VORWORT VON

Dr. David Frawley

Als ich Stefan im Jahr 2008 das erste Mal in Berlin traf, war es eine wichtige und transformierende Zeit für Yoga im Westen. Stefan und Miriam organisierten das Berliner Yogafestival, um die schnell wachsende Zahl von Yoga-Praktikern, die nach tieferen Lehren des Yoga suchten, in Europa zusammenzubringen.

Es war die Zeit, als zum ersten Mal Yoga-Schulen in allen großen Städten Europas auftauchten und bald Konkurrenz untereinander entstand. Um ihre Arbeit hervorzuheben, konzentrierten sich einige Yoga-Richtungen darauf zu betonen, was ihre Praxis unterscheidet und anders macht, und nicht den Fokus auf die Aspekte der wunderbaren Yoga-Lehre zu legen, die alle Praktiken gemeinsam haben.

Stefan hatte gerade seine Position in den Sivananda-Ashrams mit der Vision verlassen, alle Yoga-Schulen und -Traditionen in einem großen und freudigen Ereignis zu vereinen. Meine Frau Yogini Shambhavi und ich waren begeistert von der Idee und machten uns bald auf den weiten Weg von Santa Fe nach Berlin.

Um alle Yoga-Praktiken in den tieferen Lehren des Yoga zu vereinen, haben wir uns als Dozenten dem Yogafestival angeschlossen. Hier haben wir das alte Wissen gelehrt, das als wunderbare Verbindung zwischen Yoga und Ayurveda immer bestanden hat.

Später in diesem Buch finden Sie das Interview „Yoga – die Religion des Herzens" von Stefan und mir. Ihnen, liebe Leserin und lieber Leser, wünsche ich große Freude und Inspiration mit Stefans Texten und Gedanken über den Geist des Yogas in seinen verschiedenen Facetten.

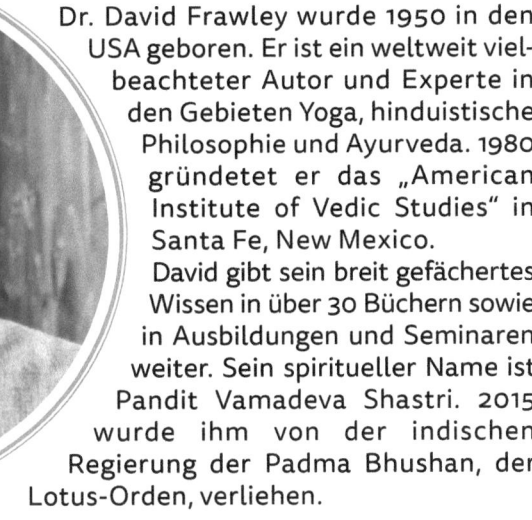

Dr. David Frawley wurde 1950 in den USA geboren. Er ist ein weltweit viel-beachteter Autor und Experte in den Gebieten Yoga, hinduistische Philosophie und Ayurveda. 1980 gründetet er das „American Institute of Vedic Studies" in Santa Fe, New Mexico.

David gibt sein breit gefächertes Wissen in über 30 Büchern sowie in Ausbildungen und Seminaren weiter. Sein spiritueller Name ist Pandit Vamadeva Shastri. 2015 wurde ihm von der indischen Regierung der Padma Bhushan, der Lotus-Orden, verliehen.

Hallo liebe Freunde, liebe Yogis, gesegnetes Selbst,

Yoga ist ein großes und wundervolles Thema. Yoga beschreibt nichts Abstraktes, nichts Fremdes, sondern spricht vom ersten Moment von nichts anderem als von Dir selbst. Und von sich selbst spricht man doch in der Regel immer gerne. So möchte ich mich Dir, liebe Leserin und lieber Leser, kurz vorstellen.

Yoga hat eine erstaunliche Komponente: schon beim ersten Kontakt mit Yoga, in welcher Form auch immer, fühlen wir uns in einem Aspekt unserer Selbst berührt, zu dem wir häufig zu wenig Kontakt haben. Und diese Berührung fühlt sich gut und richtig an und sehnt sich nach mehr davon.

So erging es jedenfalls mir im Alter von 17 Jahren. Schon bei den ersten zarten Yogaübungen, die uns die Tante meiner damaligen Freundin zeigte, spürte ich, diese Übungen haben ein ganz anderes Ziel, als „nur" den Körper zu erreichen oder zu stärken. Meine Freundin und ich übten Yoga in den Weinbergszeilen im schönen Rheingau und fühlten uns dabei so weit und frei, wie der Blick über das bezaubernde Rheintal, das vor uns lag. Meine erste Yogaerfahrung war: „Yoga lässt Dich eine Verbindung spüren mit allem, was Dich umgibt" .

Kurze Zeit später wurde mein bester Freund ebenfalls süchtig nach Yoga, und wir begannen, zusammen zu meditieren, zu philosophieren und die Briefe von Swami Yogananda, einem indischen Yogameister des letzten Jahrhunderts, zu studieren. Was wir hier lesen konnten, musste ja den noch jugendlichen offenen Geist verzaubern, und eine unbändige Neugier entstand auf all das, von dem kaum jemand etwas wusste.
Wir meditierten gerne nachts. Manchmal saßen wir auf einer Burgruine über dem Rheintal, manchmal vor dem weißen Punkt an der Zimmerwand des Kinderzimmers!, welches um den Punkt herum großzügig schwarz gestrichen war.

Außerdem war Yoga für uns eine stille und doch mächtige Form der Revolution, wie sie jeder junge Mensch auf die eine oder andere Weise erlebt. Wollten wir so sein wie unsere lieben Eltern und ihre Freunde? Natürlich nicht. Wir wollten verstehen, was Swami Yogananda meinte, wenn er von der „Erweckung des wahren Selbstbewusstseins" sprach;

von den tiefen Erkenntnissen, die „nicht erklärt, sondern nur erlebt werden können".

Als ich später den malerischen und behüteten Rheingau verließ und im Berlin der wilden 90er Jahre landete, wurde die Flamme des Yoga in mir kleiner. Ich wohnte in Berlin Mitte auf 100qm für ganze 130,- Mark und tauchte in die verrückte und kreative Szene des vereinten Berlins ein. Yoga war selbst hier zu dieser Zeit noch nicht besonders populär. Eines Tages lief ich durch meine Torstraße, damals noch Wilhelm Pieck Straße, und schaute in den Himmel, der sich mir in einem schmalen Streifen über der Häuserschlucht zeigte. In diesem Moment wurde ich innerlich gerüttelt und geschüttelt, und ich erinnerte mich sehnsüchtig an die Weite und die Schönheit des Himmels, der Natur, meiner Natur. Umgehend zog ich an den äußersten Stadtrand Berlins und eroberte mir mein yogisches Leben Schritt für Schritt zurück.

Da ich nun alleine war und meinen Freunden der Weg an den Stadtrand zu weit war, tauchte ich wieder tiefer in die Stille und Fülle von Yoga und Meditation ein. Ich lebte zurückgezogen, besuchte meine Schule für Physiotherapie und ging früh zu Bett, um morgens um 4:30 Uhr mit der Meditation beginnen zu können. An einem Punkt wurde der Wunsch in mir nach echter spiritueller Führung und lebendiger Inspiration so groß, dass ich mich auf den Weg machte, einen Guru oder Lehrer zu finden. Nachdem ich die drei oder vier Yogaschulen, die mir zu dieser Zeit in Berlin bekannt waren, besucht hatte und gar sonderbare Hüpf-Meditationen, Tantra-Yoga und Engelkarten-Yoga kennengelernt hatte, landete ich beim „Tag der offenen Tür" im „Sivananda Yoga Zentrum", einer kleinen klassischen Yogaschule mit indischen Wurzeln. In der Drei-Zimmer Wohnung war es wunderschön, still, heilig und warm. Ich platzte als Letzter in den Einführungsvortrag über das simple Thema: „Was ist Yoga?", den Swami Sivarupananda, eine etwas ältere Dame im orangenen Gewand, gerade hielt. Als ich die Swami dort sitzen sah, geschah mir etwas Großes, etwas, worauf ich nicht vorbereitet war: ich sah die Swami in einem wunderschönen strahlenden Licht und hatte das Gefühl, die Zeit bliebe ruckartig stehen. Sie sah mir für eine gefühlte Ewigkeit Direkt in die Augen, und ich wusste, sie musste der von mir gesuchte Wegweiser und Guru sein.

Die Physiotherapie-Ausbildung war spannend. Es war ein Weg nach innen. Den Körper zu studieren, jedes Knochenhöckerchen mit Vor- und

Nachnamen zu kennen und um die Funktionsweise der Organe zu wissen, erschien mir fast selbstverständlich. Vor den Prüfungen lernte ich gerne nachts; immer 50 Minuten lernen, 10 Minuten Kopfstand. Doch am Tag nach dem abschließenden Staatsexamen beschloss ich, mich von nun an ausschließlich mit Yoga und Meditation beschäftigen zu wollen. Ich packte alles, was ich von der Physiotherapie hatte, die prallen Ordner und teuren Bücher, in die Mülltonne. Innerhalb von zwei Tagen verschenkte ich all mein Hab und Gut an ein Kinderheim und zog als Yogi und Mitarbeiter in das „Sivananda Yoga Zentrum" zu meiner Lehrerin. Eine wundervolle Zeit begann, gleich einem Traum, aus dem ich nie erwachen wollte. Sechs Jahre sollte er dauern und mir die Schönheit des Yogas in seinen vielen Facetten zeigen.

Die **GEHEIMNISSE DES YOGAS**, die ich hier hören und erleben durfte, möchte ich in diesem Buch mit Dir teilen. Ebenso interessante Themen aus meiner über 25jährigen Zeit als Yogalehrer und Physiotherapeut. Dich erwarten Texte aus verschiedenen Lebensabschnitten. In der Hoffnung, dass sie Dich in Deinem Leben inspirieren, weiter zu forschen, die Augen zu öffnen und Dich selbst als gesundes und strahlendes Selbst zu erkennen. Wann immer sich für mich ein Thema offenbarte, das mich diesen inneren Wahrheiten näher bringen konnte, habe ich versucht, meine Gedanken dazu in Worte zu ordnen. So findest Du hier Themen, die meinen Yoga-Weg begleiteten. Vielleicht kann mein Weg hiermit auch Deinen Weg ein Stück weit begleiten.

Geheimnisse des Yogas

Einleitung

Täglich saß ich von sechs bis neun Uhr morgens neben meiner Meisterin zur Meditation, und wir übten gemeinsam mit den anderen Yogis Asanas, Pranayama, Mantras und studierten die spirituellen Schriften. Ich war der Koch des Hauses und war rundum glücklich. Ich wollte mein Leben lang nur noch Meditieren, Yoga praktizieren und für andere Yogis kochen. Doch es kam anders: das mystische Indien begann, mich zu rufen. Ein brennendes Verlangen entflammte in mir, mich in den Himalaya an die Ufer der Gangesquelle zurückzuziehen. Hier wollte ich echtes Pranayama, die Kontrolle über den Atem, erlernen und üben. Und hier beginnt meine erste Geschichte für Dich, im Himalaya.

Kapitel 1

Yoga und Pranayama im Himalaya

ZU DEN KRAFTQUELLEN DER YOGIS

Ich bin 23 Jahre alt, sitze das erste Mal in meinem Leben zwischen den majestätischen Bergen des Himalayas am Ufer des Ganges und fühle mich auf sonderbare Weise „angekommen". Alles fühlt sich hier rein und erhaben an. Das Rauschen des Ganges ist allgegenwärtig und erstaunlich laut. Zuerst irritierend, wirkt es nach einigen Tagen wundersam beruhigend. Seit Jahrtausenden praktizieren Hatha-Yogis hier wie selbstverständlich Energiearbeit und Meditation. An diesem spirituellen Kraftort der Yogis liegt das „Sivananda Kutir", ein kleiner Ashram, eine schimmernde Perle. Wir, das sind neun mutige Yoga-Schüler, möchten hier mehr über Pranayama, die Atemtechniken des Yogas, von einem erfahrenen Yoga-Meister lernen.

Ich war neugierig und fragte den Yoga-Meister, warum ich dieses innere Licht zwischen den Augenbrauen, von dem im Yoga immer gern gesprochen wird, nicht sehen kann? Er lächelte mich mit seinen funkelnden Augen an: „Wo kein Strom, da kein Licht". Darüber musste ich so lachen; spürte jedoch, dass es mit diesem Lehrer und in dieser Zeit darum gehen würde, diesen inneren Strom irgendwie in Gang zu bekommen.

Überraschenderweise beginnt die Yoga-Zeit allerdings zuerst einmal mit der Umstellung der Ernährung. Das Essen wird dabei aus dem Bereich der Sinneserfahrung in den Bereich des Sattva, der Reinheit und Ruhe, gebracht. „Wird die Zunge beherrscht, lassen sich auch alle anderen Sinne leicht beherrschen", sagt unser Lehrer. In den ersten Tagen klagen einige Teilnehmer über Kopf- und Gelenkschmerzen. Die Schlackenstoffe und die aus den Geweben frei werdenden Gifte zirkulieren noch im Blut. Das vegetarische Essen ist leicht, frisch und langweilig. Zumeist essen wir Kitcherie. Das sind Reis und Linsen, welche ohne Salz und stimulierende Gewürze gekocht werden, dafür aber mit viel Kurkuma und noch mehr Ghee, also geklärter gekochter Butter, beträufelt werden. Alles, was nach unten wächst, wie Karotten oder Kartoffeln, ist zu „erdend" und steht nicht auf dem Speiseplan. Leichte luftige Blattgemüse, viel frisches Obst und heiße Mandelmilch mit schwarzem Pfeffer und Kardamom werden gegessen und getrunken. Das soll „Ojas", die feinere spirituelle Energie, stärken.

Sogar der erste Yoga-Tag beginnt schon um 4.00 Uhr morgens. Und zwar mit der Reinigung der Nase mittels Faden und Salzwasser sowie mit dem Bewegen der Bauchorgane mit Hilfe der Bauchmuskulatur, dem Nauli und Agni Sara. Die Praxis des Pranayama baut sich Tag für Tag langsam auf und erreicht schließlich eine Dauer von drei mal vier Stunden pro Tag, je nachdem, in welchem Rhythmus der Sadhaka, der Praktizierende, übt. Die „Bibel" der Hatha-Yogis, die Körper- und Atemübungen lieben, ist die „Hatha Yoga Pradipika". Hier werden Hatha Yoga-Wissen und Yoga-Techniken beschrieben und diese von unserem Lehrer für uns erklärt und ergänzt. Das Direkte Zusammensein von Lehrer und Schüler wird hier besonders betont, da sich der Lehrer von dem entsprechenden Entwicklungsstand des Schülers, seiner Stärken und Schwächen, überzeugen muss. Weil die Techniken kraftvoll sind und Direkt auf das Energiesystem des Übenden wirken, kann falsches Praktizieren zu körperlichen und geistigen Schäden führen, die nur schwer zu korrigieren sind. Insbesondere der westliche Schulmediziner verfügt für gewöhnlich über zu geringe Kenntnisse über den Energiekörper, als dass er in einem solchen Fall eine angemessene Behandlung anbieten könnte. Aber mit einem erfahrenen Lehrer und Yogi an der Seite, kann die Praxis beginnen.

Morgens, nach den Reinigungstechniken, und abends vor dem zu Bett gehen, üben wir gemeinsame stille Meditation an den Ufern des Flusses. Die Meditation sowie das Singen der Mantras schaffen den integralen Rahmen und stellen die Verbindung der starken Pranayama-Praxis zum Jnana-Yoga, der Erkenntnis durch Meditation und Reflexion, und zum Bhakti-Yoga, der Praxis der Bescheidenheit und Hingabe, dar. Die Asana-Übungsreihe der zwölf Grundstellungen wird dreimal täglich wiederholt. Sie beginnt mit dem Rezitieren der Guru-Parampara, der Übertragungslinie des Wissens der Hatha-Yoga-Meister, die in der indischen Mythologie als Ursprung Gott Siva selbst sieht.

Nach der Meditation suche ich mir einen guten stabilen Platz am Flussufer. Hier geht's los: Atmen, Atem-Anhalten, Atem-Lenken, Stund um Stund und mit wachsender Begeisterung. Die Fähigkeit, lange und

bequem sitzen zu können, ist natürlich wichtig und wird von Tag zu Tag verbessert. Stoffwechseltätigkeit, Atmung, Pulsschlag und Blutdruck werden allein durch das lange ruhige Sitzen gesenkt. Das traditionelle Hatha Yoga in Indien ist weit entfernt von der im Westen stärker werdenden Bewegung, Yoga in erster Linie körperbezogen zu verstehen. Das Üben von fortgeschrittenem Pranayama hilft, unsere Yogapraxis mit den Aspekten „Atem als Energie" und „Der Atem als Spiegel des Geistes" aufzupeppen.

Der Weg und das Ziel: die Reinigung der Nadis, der Energiebahnen. So soll Pranayama potentielle innere Kraft erwecken und den Geist frisch und konzentriert in die Stille eintauchen lassen. Als ich meinen Lehrer fragte, wie denn die tiefe Meditation, das Erwecken der Kundalini-Energie, zu erreichen sei, erwartete ich, einen kleinen Vortrag und vielleicht eine spannende Yoga-Technik erklärt zu bekommen. Swamiji antwortete jedoch mit nur einem Wort: „Purification", „Reinigung", lächelte und ging seiner Wege.

So beginnt jede Praxis mit Kapalabhati, der Reinigungsatmung. Sie reinigt die Luftwege und löst den Solar Plexus, das Manipura Chakra, von Verspannungen und Blockaden. Danach beginnt das eigentliche

Pranayama. Die zweite Übung ist die Wechselatmung, Anuloma Viloma. Sie reguliert den Atem- und Energiefluss. 40 Runden nehmen zwischen 40–60 Minuten in Anspruch. Das Verhältnis von Rechaka, der Einatmung, Kumbaka, das Atem-Anhalten und Puraka, das Ausatmen variiert individuell und der Tagesform entsprechend. Es entstehen Rhythmen zwischen 5 : 20 : 10 und 8 : 32 : 16. Vier Bandhas, energetische Verschlüsse, werden im Pranayama gesetzt. Mein Lehrer meint: „Die Wechselatmung ist eine Bombe, aber die Bandhas sind der Zünder". Anuloma Viloma gilt als ideales Mittel, die Nadis von ihren Widerständen zu reinigen und bereitet den Körper auf weiterführende Techniken vor.

Die nun folgenden Übungen Surya Bheda und Ujjayi aktivieren Pingala Nadi, die Sonnen-Energiebahn, die im rechten Nasenloch endet. Eine angenehme innere Wärme breitet sich aus. Hier wird tönern geatmet und die Zeit des Kumbaka erhöht. Sitali und Sitkari gelten als kleine Pranayamas; sie stimulieren Ida Nadi, die kühlende Mond-Bahn, die im linken Nasenloch endet.

Es folgen zehn Runden Brahmari Pranayama, die summende Bienenatmung. Diese Übung gleicht die beiden Hauptenergiebahnen, Pingala Nadi und Ida Nadi, aus, entwickelt die geistige Konzentration und fokussiert auf bestimmte Chakren, die Kreuzungspunkte der Nadis. Auf dieses dann gut vorbereitete Energiesystem des Astralkörpers setzten wir nun kräftigere Übungen, zum Beispiel Bhastrika, den Feueratem und Shakti Chalani, die Energie-Erweckung. Hiermit sollen potentielle latent liegende Energien im Energiekörper, der Pranamaya Kosha, geweckt werden. Den Abschluss des Pranayama-Sets bilden die energielenkenden Techniken, sprich: Mudras und Bandhas, Siegel und Verschlüsse. Sie lenken und konzentrieren die vorhandene Energie, die mit Visualisierungen der subtilen Elemente, den Chakra-Farben und Bija-Mantras kombiniert wird, zu den entsprechenden Energiezentren. Abschluss nach vier Stunden Pranayama: Hand senken, Meditationssitz. Ruhe. Meditation. Zufriedenheit. Zeitlos eingetaucht im OM!

Das Prana ist die Lebenskraft, die in den 72.000 Energiebahnen, den Nadis bzw. den Meridianen, unseres Energiekörpers, auch Astralkörper genannt, fließt. Prana ist der Antrieb der Gedanken. Durch eine gute Kontrolle des Pranas dünnt der Geist aus, und wir empfinden ein inneres Glück, welches nicht durch den Geist oder die Sinne erzeugt wird, sondern Direkt vom innersten Selbst, dem Atman, entsteht.

Das Selbst wird als Sat-Chid-Ananda beschrieben, und Ananda bedeutet Glück. Der ruhige Geist, der durch die intensive Arbeit am Energiekörper entstanden ist, führt uns an die Schwelle zur wahren Innenschau auf das eigene Selbst und damit in die Meditation. Die Wahrnehmungen des Pranas, die während der Übungen entstehen können, wie das Hören innerer Klänge, das Sehen von Lichtern oder das Erscheinen höherer geistiger Fähigkeiten, Siddhis genannt, sind bedeutungslos im Vergleich zu der inneren Zufriedenheit, die aus dem eigenen Selbst entsteht. Das Ziel der Übungen ist das Zügeln der Aktivitäten des Geistes, in Sanskrit: "Yogas chitta-vritti-nirodhah".

Mein Zimmernachbar erlebte die intensive Pranayama-Zeit so: „Es ist eine große Erfahrung. Durch die intensive Praxis finden sich Körper, Geist und Seele zu einer wunderbaren Zufriedenheit zusammen. Dieser einzigartige Zustand ist zum Glück mit Worten nicht auszudrücken. Es war eine tiefe Erfahrung für mich, zu erkennen, dass ich im Äußeren nichts wirklich vermisst habe. Ich konnte hier ein großes Potential an Prana aufbauen, welches mir innere Stabilität gibt und mich wissen lässt: Alles ist möglich!".

Diese zweiwöchige Pranayama-Praxis wiederholte ich in den nächsten Jahren noch dreimal im Himalaya und konnte immer wieder neu anknüpfen. Die eigene Erfahrung, zurück zu der Quelle der Asanas und des Pranayama zu gehen, öffnet den Geist. Es ist ein erhabenes Gefühl, das Wesen von Prana besser zu verstehen und kraftvolle Pranayama-Techniken in die Yoga-Praxis zu integrieren.

Swami Sivananda – einer der ersten „modernen" Gurus Indiens

Einleitung

Vielleicht konnte ich Dein Interesse wecken, die Atemtechniken des Yogas auszuprobieren oder tiefer einzusteigen. Ich selber verliebte mich im Himalaya in Pranayama, und es zog mich immer wieder an diesen magischen Ort, um in etwas intensivere Yoga-Zeiten einzutauchen. Später im Kapitel 12 „Atemwege zum Glück" und im Kapitel 13 „Swara Yoga" ergänze ich das Thema für Dich mit Übungen und weiteren Informationen. Als ich dann jedoch das erste Mal aus dem Himalaya nach Rishikesh, dem malerischen Ort am Fuße der Berge zurückkehrte, verweilte ich noch eine Weile im Ashram des bekannten Yoga-Meisters Swami Sivananda. Von ihm und seinem spannenden Leben möchte ich Dir nun berichten.

Kapitel 2

Die Freiheit und Vollkommenheit des Yogis ist keine Glückssache oder Zufall. Der erste Schritt auf dem Weg in die Freiheit ist häufig der schwerste. Hat man aber den Fuß auf den spirituellen Pfad gesetzt, spürt man bereits beim nächsten Schritt eine positive Kraft, die einen plötzlich von hinten anschiebt und hilft, den dritten Schritt bereits viel freier und fröhlicher setzen zu können. Für den Weg in die Freiheit brauchst du Geduld und Mut. Es ist kein entspanntes bergab Gehen, denn es ist ein unebener und steiler Weg. Doch leicht wird der Gipfel des Lebens von demjenigen erreicht, der fest entschlossen ist, den Berg zu besteigen und den Ausblick und die vollkommene Freiheit zu genießen.

SWAMI SIVANANDA

An dem beeindruckenden Beispiel des großen indischen Yogalehrers Sivananda (1886–1963) möchte ich versuchen, etwas Licht auf den noch im Nebel liegenden yogischen Pfad und die Rolle eines guten Bergführers zu werfen. Sivananda verkörpert beides: die Entschlossenheit, sich mutig höheren Wahrheiten öffnen zu wollen und die Rolle eines modernen und kompetenten Yogameisters und „Bergführers".

Sivananda hatte das „gute Karma", in Indien Medizin studieren zu können und einige Jahre unter vollem Einsatz an der Gesundung der Menschen und an der Leitung zweier Krankenhäuser wirken zu können. Erst mit Mitte 30 beschloss er, seinen Job und den guten Verdienst an den Nagel zu hängen, um durch Yoga und Meditation sein Wissen zu erweitern. Er wollte den Menschen, die sich durch Täuschung, die Maya, und durch Schmerzen verschiedenster Färbung nicht mehr kennen, tiefgründiger dienen und helfen zu können, als ihm das als Arzt je möglich war.

Frei von Besitz wanderte er an den Fuß des Himalaya, wo er sich an den Ufern des Ganges niederließ und in eine intensive Yoga- und Meditations-praxis vertiefte. Weiterhin bot er jedoch täglich kostenfreie medizinische Hilfe für Bedürftige an und proklamierte, es sei das Geburtsrecht eines jeden Menschen, seine wahre Natur zu entdecken und auszudrücken. Später, als er vollständig im höchsten Wissen um die Quelle des Lebens, das Brahman, und die Unsterblichkeit der Seele, das Atman, gefestigt war, gründete er in Rishikesh einen schnell wachsenden Ashram, inklusive einem kostenfreien Krankenhaus. Sivananda unterrichtete in seiner einzigartigen Weise Tausende von Yogaschülern in Indien und weltweit. Außerdem schickte er später einige seiner besten Schüler mit dem Auftrag in die Welt: „Bring den Menschen dort Yoga und Wahrheit; sie warten auf Dich."

DIE SIVANANDA SCHÜLER

Einige der größten und einflussreichsten Yogalehrer der letzten Jahre sind Schüler Sivanandas; weshalb er manchmal auch der „Meister der Meister" genannt wird. Einer von ihnen, Swami Vishnu-devananda, unterrichtete nicht nur weltweit die ersten Yogalehrer-Ausbildungen außerhalb Indiens, sondern wurde auch durch seine „Friedensflüge" bekannt, bei denen er in Kriegsgebieten die Soldaten von oben mit Flugblättern und Blumen „bombardierte". 1983 überflog Swami Vishnu als „Zeichen des Friedens" die Berliner Mauer von West nach Ost.

Viele bezeichnen Swami Sivananda als einen der ersten „modernen" Gurus Indiens. Tatsächlich hat er Türen geöffnet, die vorher verschlossen waren. Das in Indien fast schon fanatisch gelebte „Guru-Bhakti", die Verehrung des Lehrers, in dessen Folge der entwickelte Yogi gerne auf einen Thron gehoben wird und die Anhänger bedingungslos den wie auch immer gearteten Worten des Meisters Folge leisten, fand mit Sivananda eine neue Wendung. Er machte da nicht mit und ließ sich nie mit „Maharaj", „Bhagavan" oder ähnlichen Ehrennamen betiteln. Und er öffnete die Tore des Ashrams für alle, die zu ihm kommen wollten, gleich welcher Kaste, Gesinnung oder welchen Geschlechts. Bis dato war die Yogaausbildung in der Regel den indischen Männern vorbehalten. Sivananda verschenkte seine Liebe und Lehre jedoch gleichermaßen an alle, die zu ihm kamen. Frauen lebten genauso im Ashram wie Bettler und reiche Geschäftsleute – sogar Gauner durften bleiben.
Er sagte dazu: „Gute Menschen sind ja bereits tugendhaft. Ich muss nur Verbrecher bessern und formen. Das ist meine besondere Aufgabe. Ein Verbrecher ist ein negativ tugendhafter Mensch. Doch auch er ist Krishna, und Liebe ist sein Wesen. Die Welt nennt mich einen Guru für Diebe und Spitzbuben."

Als eines Tages ein halb verrückter Ashram-Bewohner ein Attentat mit einer Axt auf Sivananda ausübte, war, obwohl die Axt den Meister nur um Haaresbreite verfehlte, keine Furcht oder Reaktion des Yogis zu erkennen. Später brachte er dem Attentäter Speisen und Blumen und bedankte sich bei ihm für diese Prüfung.

THOUGHT POWER – DIE KRAFT SEINER BÜCHER

Sivananda hatte jeden Tag eine bestimmte Zeit zum Schreiben vorgesehen. Er beantwortete alle Briefe am gleichen Tag, an dem er sie erhalten hatte. Wenn er Yoga-Bücher schrieb, tat er das gerne in englischer Sprache, die er als Arzt perfekt beherrschte. Dabei erntete er enorme Kritik von einigen „Guru-Kollegen". Yogatexte sollten ausschließlich in Sanskrit verfasst sein oder allerhöchstens in Hindi; aber doch niemals in Englisch. Die Engländer waren in dieser Zeit immer noch Indiens Besatzermacht. Sivananda sah das anders. Er sagte: „Wie viele Menschen können meine Bücher lesen, wenn ich sie in Sanskrit schreibe?" So entstanden aus seiner Feder über 200 grandiose authentische Bücher über alle Aspekte des Yogas.

Bezüglich des Buchdrucks schrieb er einem Verlag: „Ich erwarte von den Verlagen keine Ertragsbeteiligung. Um die Arbeit voranzubringen, bitte ich alle Verlage, mehrere Ausgaben meiner Bücher in verschiedenen Sprachen herauszugeben. Ich verlange kein Honorar. Ich gestatte allen Verlagen, meine Bücher zur weiten Verbreitung auf der ganzen Welt zu drucken, ob sie mir nun Prozente weitergeben oder nicht. Üblicherweise bekomme ich für 1000 gedruckte Exemplare 100 Stück. Diese verkaufe ich nicht, sondern verteile sie an bedeutende Büchereien, Bildungs- und religiöse Einrichtungen. Andere gebe ich an Zeitungen zur Rezension. Das erweist sich als wirksamer Werbekanal. Die Auflagen sind schnell vergriffen, und die Verlage verdienen dabei. Ich möchte, dass alle Erfolg haben."

Über seine spirituelle Entwicklung schrieb Sivananda ein GeDicht:

AUFBRUCH IN EIN NEUES LEBEN
„Ich war dieses trügerischen Lebens sinnlicher Vergnügungen müde.
Dieses Gefängnis meines Körpers widerte mich an.
Ich suchte die Gesellschaft großer Meister
Und saugte ihre nektargleichen Worte in mich auf.
Ich durchstreifte den grauenvollen Wald von Hass und Liebe.
Ich wanderte weit jenseits der Welt von Gut und Schlecht und kam zum Grenzland erstaunlicher Stille.
Ich erhaschte den Glanz der Seele in mir.
All mein Leid ist jetzt vorbei.
Mein Herz fließt über vor Freude.
Frieden ist in meine Seele eingezogen.
Plötzlich wurde ich herausgehoben
Und ein neues Leben brach an.
Ich erfuhr die innere Welt der Wirklichkeit.
Das Unsichtbare erfüllte meine Seele und mein Herz.

Ich badete in einer Flut unaussprechlichen Glanzes.
Sah das Selbst, Gott selbst, hinter allen Namen und Gestalten
Und erkannte, dass ich dieses Licht bin."

SIVANANDAS ERBE

In Rishikesh spürt man auch heute noch den Geist von Sivananda. Sein Ashram ist immer noch ein wunderschöner Platz, um Yoga und Meditation zu erlernen. Und auch heute lebt ein neuer großer Yogameister in Rishikesh. Er heißt Pujya Swami Chidanand und tritt in die Fußstapfen Sivanandas. Als bedeutender „Vordenker" und „Umwelt-Aktivist" ist Pujya Swami in ganz Indien hoch angesehen. Er öffnet den Geist der Yogis und Ashrams, jetzt auch gesellschaftlich aktiv werden zu müssen. Der dringende Handlungsbedarf in Indien zu Themen wie Energiever-sorgung, Bevölkerungsexplosion, Umweltschutz etc., so Pujya Swami, bedarf keinen Aufschub mehr. Er sagt, dass die indische Politik zur Zeit derart korrupt ist, dass sie die Probleme des Landes nicht zu lösen vermag. Doch die Yogis sind frei, haben eine starke positive Gedanken-kraft und teilweise auch finanzielle Mittel zur Verfügung. So organisiert Pujya Swami große interdisziplinäre Kongresse und legt wunderbare Konzepte vor, Indien und damit der ganzen Welt zu helfen. Während der Kumbha Mela, dem großen Zusammenkommen der indischen Yogis, hat er mit den jeweiligen Leitern der indischen Buddhisten, der Sikhs, der Moslems und der Christen eine weit beachtete Konferenz zu seinen Umweltschutz-Ideen organisiert. Seine Schriften und Konzepte sind revolutionär. Bis dato war es für Yogis nicht üblich, an der Gesellschafts-ordnung mitzuwirken; sie sollten sich ausschließlich um spirituelle Belange kümmern. Pujya Swami betont, Indien hätte keine Zeit mehr, auf politische Entscheidungen vergeblich zu warten. Die Yogis mögen umdenken und nicht nur den „Schöpfer", sondern auch die „Schöpfung" verehren. Seine „Divine projects" findet man unter: www.parmarth.com.

ॐ

1st october 1942.

Blessed Self,

Fearlessness can come only out of Knowledge of the Self. Ignorance creates fear. In duality there is fear. Duality is a creature of ignorance. To the Sage who sees nothing else but his own Self everywhere, how can there be fear?

Destroy this fear by constant thinking of the Immortal Atma. Become absolutely fearless by realising this fearless Atma through constant meditation. Thou art immortal Atma,

Sivananda

(335)

Tolerance is a sign of advancement in the spiritual life.

Die Philosophie des Hatha Yoga
Kapitel 3

Einleitung

Als Hatha-Yogis praktizieren wir liebend gerne Asanas, die Körper-übungen, die Yoga-Stellungen. Sie tun uns gut, sie beseitigen Schmerzen, sie beruhigen und fokussieren die Gedanken. Zu den vielfältigen wohltu-enden Wirkungen der Yoga-Umkehrstellungen findest Du im Kapitel 4 einige physiotherapeutische Ideen. Auch zum Thema Faszien-Yoga gibt es für Dich spannende Informationen im Kapitel 10.

Aber zu allererst möchte ich das großartige Wissen um die Yoga-Asanas in das Licht seines ursprünglichen Kontexts stellen: das Raja Yoga System nach Patanjali Maharishi. Außerdem möchte ich erklären, wie die „drei Gunas", die Eigenschaften der Natur, durch das Üben der Asanas in Deinem Körper-Geist-System verfeinert werden. Meine Yoga-Praxis hat sich dadurch verändert und gestärkt. Vielleicht empfindest Du die Tips von Patanjali und den „drei Gunas" auch für Dich und Deine Asanas als eine gute Ergänzung zu Deiner bestehenden Praxis.

Die Yoga-Praxis beginnt häufig an dem Punkt, an dem der Mensch die Notwendigkeit verspürt, sein Leben neu zu strukturieren, es umzukrempeln und an dem er manche alten Gewohnheiten und Verhaltensmuster über Bord werfen oder wenigstens verändern möchte. Er möchte dem Leben mehr Qualität geben, Belastendes, von dem er eigentlich weiß, dass es ihm nicht gut tut, abschütteln und mehr Schönheit und Sinn in sich selbst finden. Indem er diesen Gedanken fasst, hat er bereits den Pfad des Yoga betreten.

Diese ersten positiven Impulse im Geist helfen, dem weiteren Weg, an dessen Anfang sich der Mensch nun spürt, ein Erfolg versprechendes Fundament zu geben. In den Übungen des Hatha Yoga erfährt der „Yoga-Einsteiger" seine Grenzen in Bezug auf Flexibilität, Atemkontrolle und der Fähigkeit, die rasenden Gedanken zu beruhigen. Dennoch tut die Beschäftigung mit sich selbst gut, und mit etwas Übung entwickelt sich ein erweitertes Körperbewusstsein und eine tiefere Ruhe des Gedankenflusses.

Das Prana, die vitale Energie, wird durch das systematische Üben der verschiedenen aufeinander abgestimmten Asanas, der Yoga-Stellungen, in einer Art und Weise in die Haupt- und Neben-Energiezentren des Energiekörpers, geführt, dass die kräftigende Wirkung während, und vor allem nach einer jeden Yogastunde genug Energie gibt, eine positive Grundeinstellung dem Leben gegenüber zu erhalten. Diese Energie hilft uns, mit der Umstrukturierung der Verhaltensmuster und Gedankengewohnheiten, den Samskaras, voranzukommen. Dieser Vorgang ist als durchweg positiv zu betrachten und erfüllt den Praktizierenden mit neuer Lebensfreude und eventuell sogar mit einer Neugestaltung seiner Lebensziele im Allgemeinen.

DER YOGA DER DREI GUNAS

Nicht nur erhöht sich die Quantität und Beweglichkeit des Prana, auch die Qualität der Energie verändert sich beim Üben des Hatha Yoga. Die drei grundlegenden Eigenschaften aller Energie und damit der gesamten Natur bezeichnet man als die drei Gunas: Tamas, Rajas, Sattva. Die drei sind, bewegen wir uns innerhalb der manifesten Welt, stets präsent, und eine der drei Gunas dominiert temporär die anderen zwei.

TAMAS, die Energie der Trägheit, der Schwere und der Dunkelheit ist es, die uns jede Nacht in den Schlaf gleiten lässt, wenn die anderen zwei Energien abgeschwächt sind.

RAJAS, die Kraft der Bewegung und der Aktivität ist in der Natur und in unserem Leben immer dann dominant, wenn Neues entsteht, wenn wir uns zu neuen Taten, neuen Wünschen und Bewegung jeglicher Art hingezogen fühlen.

SATTVA, die Energie der Reinheit, der Klarheit und des Lichts herrscht vor, wenn die Natur und somit auch wir in der Ausgeglichenheit, der Ruhe und der daraus resultierenden Zufriedenheit sind.

Übertragen wir das System der drei Gunas auf unsere Yoga-Praxis, wird klar, wie sich die Energie während den Yoga-Übungen weiter und weiter verfeinert. Bei den Asanas unterscheiden wir zwischen den körperformenden und den meditativen Stellungen; das System der drei Gunas wirkt jedoch in allen Asanas gleich.

Nehmen wir an, wir gehen in den Schulterstand, die Sarvangasana, und halten die Stellung für eine Minute. Was flüstert uns unser Geist ins Ohr? „Oh, jetzt wird es anstrengend hier oben auf den Schultern. Vorhin das Liegen auf dem Rücken war irgendwie besser." Das ist die tamasige Energie, die in unserem Geist erwacht. Wir haben jetzt zwei Möglichkeiten, entweder wir geben dem Tamas nach und legen uns hin, oder wir widerstehen dieser Energie und halten die Stellung eine weitere Minute.

Das Tamas verstummt, aber eine neue Gedankenwelle erscheint im Geist: „So, jetzt habe ich eigentlich lange genug ruhig gehalten. Wie wäre es mit ein paar Variationen: Beine scheren, grätschen, halber Lotus, voller Schulterstand; mal was Neues probieren, man möchte sich ja schließlich entwickeln und besser werden." Hier übernimmt Rajas die Dominanz und fordert, ganz nach seiner Natur, Bewegung und Befriedigung von Wünschen. Wieder steht es uns offen, dieser Energie nachzugeben und Rajas zu stärken. Widerstehen wir aber auch ihr und halten die Asana weiterhin ruhig und entspannt, verstummt auch das Rajas.

Dem Geist bleibt nichts anderes übrig – in einer der drei Gunas muss er dominant sein, als sanft in die Energie des Sattva einzutauchen. Ruhe, Ausgeglichenheit, keine Wünsche und inneres Glücksempfinden sind die Folge. An diesem Punkt möchte man die Stellung gar nicht mehr verlassen oder bewegen; es entsteht das wunschlose Glücklichsein, die Qualität von Sattva. Lösen wir die Stellung nach einer Weile und gehen weiter in Matsyasana, die Fisch-Position und Gegenstellung zum Schulterstand, beginnt der gleiche Vorgang der Verfeinerung der Energie aufs Neue. Am Ende einer gut geführten Yoga-Zeit, hat der Praktizierende nicht nur viel mehr Energie zur Verfügung, als zuvor, er ist auch angenehm „Sattva-dominant" und hat damit eine Erfahrung, die die Yogapraxis von vielen anderen körperlichen Betätigungen unterscheidet. Die Yoga-Praktizierenden kennen wahrscheinlich dieses Gefühl, nach einer Yogastunde, gar nicht mehr den Plänen und Ideen für den weiteren Abend nachgehen zu wollen, die man vielleicht noch vor der Yogapraxis hatte, sondern eher Beschäftigungen nachzugehen, die die sattvige Energie erhalten.

„STHIRA SUKHAM ASANAM" – DIE YOGA SUTRAS VON PATANJALI

In den Raja Yoga Sutras finden wir drei Kernsätze, die uns Hinweise bezüglich der Yoga-Stellungen, der Asanas, geben und uns ihre Wirkungsweise sowie das Ziel erklären. Wir sehen hier, dass Patanjali Maharishi, der berühmte Weise und Verfasser der „Raja Yoga Sutras", die Asanas als Mittel zur Selbsterkenntnis wertschätzt. Die Raja Yoga Sutras wurden vor circa 2000 Jahren von Patanjali niedergeschrieben.

SUTRA 46, II KAP. „Sthira sukham asanam" – „die Yoga-Stellung soll gleichzeitig fest und bequem sein". Eine Asana entfaltet ihre volle Wirkung dadurch, sie fest oder still zu halten, ohne dass sie nach einer Weile unbequem wird, also durch stabiles Halten und Lösen von Spannung.

Und weitergehend wird eine Asana vervollkommnet und gemeistert „durch die Konzentration auf das Unbegrenzte", **SUTRA 47, II KAP.** Also auf das, was die Grenzen des Körperbewusstseins überschreitet und das, was jenseits der Begrenzungen von Vergangenheit und Zukunft liegt. Sprich, in der Asana wird der Geist fokussiert und in eine meditative Stimmung geführt.

Patanjalis nächste Aussage im **SUTRA 48, II KAP.** Kapitels ist hier schon enthalten, „die Gegensatzpaare berühren den Yogi in seiner ‚gemeisterten' Asana nicht mehr". „Der Yogi ist frei von den Angriffen der Gegensatzpaare der Natur". Der Praktizierende ist in der Einheit, im grenzenlosen „Hier & Jetzt", angekommen und erfährt seine immer präsente Natur als „Sat-Chid-Ananda" – Sein, Wissen und Glückseligkeit.

Yoga & Physiotherapie
Kapitel 4

Einleitung

Zu Beginn meiner Yogazeit im Jahre 1994 hatten Yoga-Praktizierende das Image esoterischer Spinner, die im Räucherstäbchen-Dunst in sonderbaren Verrenkungen OM singen. Heute hat sich das Bild und das Wissen um Yoga entwickelt und gewandelt. Insgesamt 5% der Deutschen praktizieren aktuell Yoga; Tendenz steigend. Weitere 11% der Deutschen haben schon einmal Yoga geübt, tun dies aktuell aber nicht mehr. 19% können sich vorstellen, in den nächsten 12 Monaten mit Yoga zu beginnen – davon 29% der Frauen und 10% der Männer. Das heißt, jeder vierte Deutsche praktiziert oder praktizierte Yoga oder interessiert sich für Yoga. Yoga ist in der Mitte der Gesellschaft angekommen. In dem folgenden kurzen Text möchte ich am Beispiel des Schulterstands auf einige physiologische Wirkungen der Asanas hinweisen, die dem modernen Menschen helfen, seine Gesundheit und Fitness zu stabilisieren und die sich den Problemstellungen entgegenstellen, die der aufrechte Gang des Menschen physiologisch mit sich bringt.

Yoga aus dem Blickwinkel eines Physiotherapeuten

Yoga boomt! Warum ist Yoga so gefragt? Yoga gibt das Versprechen, Schmerzen lindern und heilen zu können. Der Wunsch nach Beseitigung von Schmerzen ist wohl der eigentliche Auslöser, den ersten Schritt auf den traditionsreichen Weg des Yoga zu setzen. Dieser individuelle persönliche Schmerz betrifft häufig den Körper, wie Kopf- oder Rückenschmerzen. Er kann sich aber auch geistig in Form von Angstzuständen, Depressionen oder anderen Krisen ausdrücken. Manch einen rüttelt es wach, wenn eine Art „Weltschmerz" entsteht und nach einem Ringen um existenzielle philosophische Antworten verlangt. Oder wie es mein Freund, der auch Yogalehrer ist, einmal treffend ausdrückte: „Es muss Dir schon ganz schön dreckig gehen, wenn du ernsthaft mit Yoga beginnen möchtest".

Alle Kapitel in diesem Buch sollen Dir helfen, Dich von den drei Formen des Schmerzes, des körperlichen Schmerzes, des geistigen emotionalen Schmerzes und des Weltschmerzes, zu befreien und eine strahlende Gesundheit in Körper, Geist und Seele zu etablieren.

Bleiben wir zuerst bei einem Aspekt rein physischen Schmerzes. Wir können nicht leugnen: vor nicht allzu langer Zeit bewegten sich unsere Vorfahren auf allen Vieren. Die Aufrichtung des Menschen in die Vertikale brachte ihm eine Fülle von Vor- und leider auch Nachteilen.

Betrachten wir hier drei Nachteile des aufrechten Ganges:

1. Die Wirbelsäule erfährt Belastungen durch die Schwerkraft, die durch langes Sitzen, eine schlechte Körperhaltung oder Übergewicht verstärkt werden und zu intolerablen Schmerzen führen können.

2. der Kreislauf steht vor der Schwierigkeit, vertikal und gegen die Schwerkraft arbeiten zu müssen.

3. die wichtigen Bauchorgane hängen zunehmend in ihren Bändern und werden nach unten hin zusammengedrückt; Stichwort: Organsenkungen.

Einfach ausgedrückt, stemmen sich die Yogaübungen hauptsächlich gegen die Schwerkraft der Welt. Keinerlei Hilfsmittel sind dazu notwendig. Halteübungen, sprich isometrische Übungen, kräftigen die Muskulatur maximal effektiv und stabilisieren die wichtige Körpermitte. Gleichzeitig werden Wirbelsäule und Gelenke mobilisiert, so dass ein freies angenehmes Bewegungsausmaß wiedererlangt wird. Und durch die Umkehrstellungen des Yoga, wie zum Beispiel den Kopf- und Schulterstand, können die drei oben genannten Problemfelder positiv ausgeglichen werden. Andere Yogaübungen, wie zum Beispiel Gleichgewichtsstellungen, fassen natürlich andere Ziele ins Auge.

WIRKUNGEN VON UMKEHRSTELLUNGEN:

Problemfeld 1: Die Belastungen der Schwerkraft werden durch die Wiederherstellung der inneren Statik aufgefangen. Halte-Muskulatur und der Beckenboden werden in der Umkehrstellung trainiert. Das Promotorium, der Übergang vom Kreuzbein zur Lendenwirbelsäule, unterliegt im aufrechten Stand maximalem Druck und stellt, neben den Kopfgelenken, den Schlüsselpunkt der Wirbelsäule dar. Die hier liegende Bandscheibe ist besonders verletzlich. Die Umkehrstellungen lösen nun fast vollständig den Druck vom Promotorium und führen die Lendenwirbel in deren korrekte Lage zurück. Rückenschmerzen bessern sich oft schon in wenigen Augenblicken.

Problemfeld 2: Wollen wir das gesamte Kreislaufsystem kräftigen, wenden wir uns seinem Ursprung zu, dem Herz. Das „Gesetz nach Starling" besagt, dass ein Muskel nur nach einer guten Vordehnung optimal kontrahieren, sich zusammenziehen, kann. Durch die Umkehrstellungen öffnen sich die Venenklappen in den Beinvenen. Der Kugelmuskel Herz wird durch das ihm frei zufließende venöse Blut wie ein Ballon aufgedehnt und kontrahiert daraufhin mit maximaler Kraft. Das Herz wird effektiv auf Ausdauer und Kraft trainiert. Dieses Prinzip aus Vordehnung und Kontraktion in der Umkehrhaltung bildet ein wunderbares Herzmuskeltraining. Im gewöhnlichen Herztraining wird zwar die Pulsfrequenz erhöht, aber es entsteht zu keiner Zeit diese interessante „Vordehnung" der Herzmuskelfasern.

Problemfeld 3: Die Physiotherapie und insbesondere die Osteopathie spricht davon, dass Organfehlstellungen oder Dispositionen Blockaden auslösen können, die sich über den Reflexbogen „Wirbel und zugehöriges Organ" manifestieren können. Diese Blockaden wiederum verhindern eine gute Körperhaltung und einen korrekten aufrechten Gang, ein Teufelskreis. Die Umkehrstellungen wirken nun den mit fortschreitendem Alter entstehenden Organsenkungen entgegen und regulieren alle drei Rhythmen der Organbewegungen: die Eigenbewegung des Organs, die Bewegung verursacht durch die Atmung und den craniosacralen Rhythmus, die Bewegung der Flüssigkeit, die das Gehirn und Rückenmark umgibt. Die Bauchorgane, die im Laufe des Tages mit der Schwerkraft nach unten und aufeinander gedrückt werden, hängen im Schulterstand fröhlich und frei einmal andersherum, lösen sich voneinander und verbessern ihre Funktion.

In den Umkehrstellungen erhält der Körper die Chance, sich physiologisch neu und gesund zu strukturieren. Umkehrhaltungen erscheinen auch aus physiotherapeutischer Sicht als gut geeignet, oben genannte Beschwerden zu lindern oder ihnen prophylaktisch entgegenzuwirken. Allerdings gibt es Kontraindikationen, für die ein Üben der Umkehrstellungen angepasst werden muss: Bluthochdruck, Augenkrankheiten, Adipositas (Übergewicht) oder akute Halswirbelsäulen-Beschwerden. Deshalb ist die Anleitung und Beratung durch einen Yogalehrer und im Zweifelsfall auch die Beratung durch einen Physiotherapeuten oder einen guten Arzt immer wichtig.

Welcher Yoga-Typ bist Du?

Yoga und Ayurveda sind die beiden Beine, auf denen der Yogi gesund und langlebig seiner Selbsterkenntnis entgegen geht. Ayurveda, die „Lehre des langen Lebens", ist keine therapeutische Einzelmaßnahme, sondern ein ganzheitliches System, welches den Menschen mit seinen Veranlagungen in Einklang mit seiner Umgebung bringt und so Gesundheit fördert. Die umfassende Sichtweise des Ayurveda auf den Menschen wurde bereits im „Atharva Veda", einem der vier alten Bücher des Wissens, den „Veden", erklärt.

In der Typologie unterscheidet man drei unterschiedliche Lebensenergien oder Konstitutionen, die sogenannten Doshas:

• **VATA** (Wind, Luft und Äther), das Bewegungsprinzip
• **PITTA** (Feuer und Wasser), das Feuer- bzw. Stoffwechselprinzip
• **KAPHA** (Erde und Wasser), das Strukturprinzip

Um nun Körper und Geist in einer gesunden Balance zu halten, empfiehlt das Ayurveda, typgerecht zu leben und sich seiner Konstitution entsprechend zu ernähren. Dr. David Frawley, der zeitgenössische Ayurveda Experte, sagt: „Die Grundregel lautet: Was immer wir selbst tun können, um unsere eigene Gesundheit zu stärken, wirkt besser als das, was andere für uns tun".

Im folgenden Text findest Du, neben einem Konstitutions-Test, Hinweise, wie Du Deine Yoga-Praxis Deinem Konstitutionstyp entsprechend ausbalancieren kannst.

Kapitel 5

Mit Co-Autorin
Miriam Datt

Yoga ist für jeden Menschen, aber nicht jede Yoga-Stellung ist für jeden Menschentyp optimal. Entsprechend der Einteilung des Ayurveda in drei verschiedene Konstitutionstypen gibt es einzelne Übungen, die ganz speziell einen Konstitutions-Typus harmonisieren und stärken.
Welcher Yoga-Typ bist Du, und welche Asanas passen zu Dir am besten?

Das Ayurveda ist eines der erstaunlichsten und umfassendsten Heilsysteme der Menschheit. Das tiefe Verständnis der individuellen Konstitution zeigt ebenso viele Wege zur Verbesserung der Gesundheit, wie es Menschen gibt. Zusätzlich zu dieser individuellen physischen Konstitution, die bereits vor der Geburt festgelegt ist, beschreibt Yoga auch geistige Konstitutionstypen, die in der Bhagavad Gita im 17. Kapitel dargestellt werden. Diese geistige Konstitution ist im Gegensatz zu der körperlichen wandelbar. Hier setzt Yoga an und hilft mit den verschiedenen Übungen, eine Verbesserung der geistigen Konstitution zu erlangen.
Man unterscheidet den inneren und den äußeren Yoga. Der innere Yoga zeigt den Weg zu spiritueller Erkenntnis, der äußere Yoga führt zu körperlichem und geistigem Wohlbefinden. Die yogischen Körperübungen, die Asanas, haben im äußeren Yoga einen wichtigen Platz. Asanas gehören zu den wirksamsten Körperübungen, die die Menschheit entwickelt hat. Wichtig: Der Fokus einer Yogastellung sollte immer darauf liegen, dass die innere Energie, das Prana, ins Fließen kommt. Letztlich sollte der Fluss des Prana eine Yoga-Asana formen. Diesem Fluss gilt es nachzuspüren und so die Wirksamkeit der Übung zu erhöhen. Im Idealfall bringt der Yogalehrer seinen Schüler dazu, die jeweilige Yogaübung von innen heraus zu begreifen und das Prana als Lenker der Asana zu erkennen.

BEOBACHTEN – AUSATMEN– SPANNUNGEN LÖSEN
Yoga-Übungen sind im höchsten Maße therapeutisch und führen durch das Lösen von Anspannungen und das bewusste Ausführen von

statischen oder dynamischen Übungen zu mehr Geschmeidigkeit und einem freieren Energiefluss in Körper und Geist. Dieser freie Energiefluss kann Krankheiten heilen und vorbeugen. Schwache Organe und Drüsen erhalten durch die Yoga-Praxis mehr Energie, gestressten Organen wird das Zuviel an Energie genommen, und sie können sich entspannen. Ein großer Nutzen von Yoga entsteht aus der in zahlreichen Studien belegten Wirkung auf das vegetative Nervensystem. Stress wird durch Yoga hervorragend abgebaut und so der Entwicklung psychosomatischer Erkrankungen vorgebeugt. Die Wirbelsäule wird jung und beweglich. Durch das Lösen von Blockaden, die in der Wirbelsäule immer wieder einmal auftauchen, können die Impulse in den Nervenleitungen besser zu den Organen fließen. Die Körperhaltung wird verbessert, sodass ein freieres Atmen möglich wird. Letztendlich ist Yoga aber immer ein Weg zu mehr Bewusstsein; das Bewusstsein für den eigenen Körper, die eigene Atmung, den Gedankenfluss und das Leben im Allgemeinen nimmt zu.

In der Yoga-Praxis können jedoch auch Fehler gemacht werden. Versuchen wir Asanas mit Gewalt zu erreichen oder entwickeln eine innere Haltung des Wettbewerbs mit uns selbst, können wir uns sogar beim Yoga verspannen oder verletzen. Immer sollten die „Asanas durch Lösen von Spannungen und Meditation gemeistert werden"; erinnern wir uns an Patanjali, Raja-Yoga Sutras, Kap. 2, Vers 47. Als Krönung der Asana-Praxis können wir die Ausführung der Übungen unserer ayurvedischen körperlichen und geistigen Konstitution anpassen. Dabei ist es wichtiger, das Augenmerk darauf zu legen, wie man übt, als darauf, welche Übungen man praktiziert.

„Yoga durchtrennt die Verbindung mit den Ursachen des Leidens. Praktiziere Yoga mit Einsicht und mit ruhigem Herzen"

BHAGAVAD GITA 6.23.

AYURVEDA-TYPBESTIMMUNG

Der Ayurveda, die altindische Gesundheitslehre, unterscheidet drei sogenannte Doshas, Konstitutionstypen oder Körpertypen: Vata, Pitta und Kapha. Je nach Typ, der bereits mit der Geburt festgelegt ist, werden medizinische und gesundheitliche Empfehlungen ausgesprochen. Die meisten Menschen haben eine Hauptkonstitution und eine mehr oder weniger ausgeprägte ergänzende Nebenkonstitution.

Um ein langes gesundes und zufriedenes Leben zu führen, wird empfohlen, die Ernährung, die Lebensweise, das Lebenswerk und die Yogaübungen auf den Konstitutionstyp abzustimmen. Der folgende Test ermöglicht Dir eine Bestimmung Deiner Konstitution nach Ayurveda. Notiere Dir, welche Dosha-Merkmale bei Dir am häufigsten vorkommen, dann kennst Du Deine Hauptkonstitution. Manche Menschen haben zwei Doshas gleich stark ausgeprägt. Selten finden wir gleichmäßige Mischtypen aus allen drei Konstitutionen, die Tridoshis. Die natürliche Konstitution ist am leichtesten an den körperlichen Merkmalen zu erkennen.

VATA-TYPISCH

Ich handle und denke sehr schnell
Ich habe einen leichten Körperbau und nehme schwer zu
Ich bin lebhaft und begeisterungsfähig
Ich kann Neues schnell aufnehmen
Ich habe einen raschen und schnellen Gang
Ich kann mich schwer entscheiden
Ich neige zu Blähungen und Verstopfungen
Ich bin häufig besorgt und ängstlich
Ich kann schlecht auswendig lernen und es auch schlecht auf lange Zeit behalten
Ich ertrage kaltes Wasser weniger gut als andere Menschen
Ich spreche schnell und gelte bei meinen Freunden als sehr gesprächig
Meine Stimmungen wechseln schnell, und ich reagiere gefühlsbetont
Ich schlafe oft schlecht ein und wache nachts manchmal auf
Ich neige zu trockener Haut, besonders im Winter
Ich bin geistig sehr rege, gelegentlich auch rastlos und sprudele über vor Ideen
Ich bin leicht erregbar
Auf mich selbst gestellt, habe ich unregelmäßige Ess- und Schlafgewohnheiten
Ich lerne schnell, aber vergesse auch schnell
Ich bekomme leicht kalte Hände und Füße

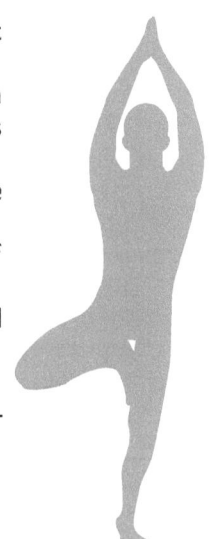

PITTA-TYPISCH

Ich empfinde die Temperatur in einem Raum als eher zu warm
Ich bin nicht so tolerant, wie ich sein sollte
Ich habe einen starken Willen und kann mich gut durchsetzen
Auch wenn ich es nicht zeige, bin ich schnell gereizt oder verärgert
Wenn ich eine Mahlzeit auslasse, fühle ich mich unwohl
Ich halte mich für sehr effizient
Ich bin bei allem, was ich tue, genau und ordentlich
Bei heißem Wetter fühle ich mich eher als andere Menschen unwohl und müde
Ich schwitze leicht
Mein Haar weist eins der folgenden Merkmale auf: frühzeitig ergrauend oder Haarausfall, dünn, seidig, glatt
Ich habe einen guten Appetit und kann größere Mengen essen
Manche Menschen bezeichnen mich als stur
Ich verliere leicht die Geduld
Ich liebe kalte Speisen wie Eis und mag kalte Getränke
Ich neige zum Perfektionismus
Ich genieße Herausforderungen und bin beim Erreichen meiner Ziele sehr beharrlich
Ich bin mir selbst und anderen gegenüber kritisch eingestellt

KAPHA-TYPISCH

Ich handle gewöhnlich langsam und ohne Hektik
Ich habe einen kräftigen Körperbau
Ich habe einen tiefen Schlaf
Ich lerne langsamer als andere, habe aber auch auf lange Zeit hin ein ausgezeichnetes Gedächtnis
Ich bin von Natur aus heiter, sanftmütig, liebevoll, ich vergebe gern
Ich nehme leicht zu und schwer ab
Ich bin von Natur aus ruhig und gesetzt: ich gerate selten aus der Fassung

Ich kann Mahlzeiten problemlos auslassen
Ich neige zu Trägheit, starker Schleim-
bildung, chronischer Verstopfung, Asthma
oder Nasennebenhöhlenentzündung
Ich errege mich selten
Ich neige zu Körperfülle
Kaltes und feuchtes Wetter mag ich nicht
Meine Haare sind Dicht, dunkel, gewellt
Ich habe eine weiche, glatte, blasse Haut
Meine Verdauung ist träge und ich fühle
mich nach dem Essen schläfrig
Ich habe eine gute Ausdauer und Wider-
standskraft, meine Energie ist ausgeglichen
Ich gehe langsam und gemessen
Ich neige zu Langschläferei und komme
morgens nur langsam in Gang
Ich esse mit Bedacht und gehe auch sonst
strukturiert und methodisch vor

DER VATA-TYP

Von den drei Konstitutionstypen ist der Vata-Typ der leichteste. Er hat
in der Regel eine zarte Figur und dünne Knochen. In jungen Jahren ist er
recht beweglich und wird im Alter schnell steif. Da ihm häufig kalt ist,
bevorzugt er ein warmes Klima, warmes Essen und warme Kleidung.
Er ist gesprächig, beweglich, phantasievoll, eher ängstlich und häufig
nervös. Vata-Typen sind schnelle Denker, Computer-Freaks und Künstler.
Der Vata-Typ sehnt sich nach Ruhe und Kraft, und so sollte er seine
Yogaübungen auch ausführen: ruhig und kraftvoll.
Den Vata-Typ ausgleichende Stellungen sind: Asanas im Sitzen wie
Siddhasana und im Stehen, wie der Baum, Vrikshasana. Aber auch
Übungen für das Becken und den Darm sind gut, denn dort sammelt sich
Vata sowie alle sanft ausgeführten Rückbeugen, die erwärmend wirken.
Erwärmende und beruhigende Atemübungen, wie die Feueratmung oder
die Wechselatmung, führen den Vata-Typ zu innerer Ruhe und Klarheit
und stabilisieren die Emotionen.

BEISPIELÜBUNG FÜR DEN VATA-TYP:

DER BAUM – VRIKSHASANA
Stehe aufrecht, beuge das linke Knie und lege den linken Fuß auf oder an den rechten Oberschenkel. Atme tief und ruhig. Lege die Hände zusammen und strecke die Arme weit über den Kopf.

DER PITTA-TYP
Pitta ist verantwortlich für alle Stoffwechselvorgänge des Körpers und die Verdauung. So verfügt der Pitta-Typ über ein großes Verdauungsfeuer, das ihn von innen wärmt und stetig mit Nahrung versorgt sein möchte. Da ihm eher warm ist, bevorzugt er kühleres Wetter, dünne Kleidung und geht gerne barfuß. Pitta-Typen sind unternehmungslustig, zielstrebig und mutig. Unter ihnen findet man Führungskräfte, Bauarbeiter und Sportler. Der Pitta-Typ ist muskulös, gut durchblutet und hat ein feuriges Temperament.
Seine Yoga-Praxis sollte daher beruhigend und kühlend sein und ohne Ehrgeiz ausgeführt werden. Im Yoga wird das warme Feuerelement im Solarplexus hinter dem Bauchnabel lokalisiert. Das kühlende Element, das Mondelement, liegt am weichen Gaumen, dort wo der Speichel produziert wird. Das Üben des Schulterstandes ist für Pitta-Typen besonders angenehm, da er das lunare Mondelement vor der aufsteigenden Hitze des Solarplexus schützt und den Organismus kühlt. Drehungen im Sitzen, wie Matsyendrasana, der Drehsitz, reinigen und stärken die Leber und reduzieren so ebenfalls Pitta. Kühlend wirken Vorwärtsbeugen, die lange gehalten werden. Kühlende Atemtechniken, wie Sitali und Sitkari sind ebenfalls ausgleichend für den Pitta-Typ.

BEISPIELÜBUNG FÜR DEN PITTA-TYP:

DER DREHSITZ – ARDHA MATSYENDRASANA
Setze Dich mit gestreckten Beinen auf den Boden. Beuge das linke Knie und führe die linke Ferse zum rechten Gesäß. Stelle den rechten Fuß flach auf den Boden, außen möglichst eng neben das linke Knie. Führe nun den linken Arm außen am rechten Bein entlang. Drehe den Oberkörper nach rechts und stell den rechten Arm hinter den Rücken. Nun drehe den Rücken und Nacken so weit wie möglich nach rechts. Diese Asana wirkt günstig auf die Verdauung, die Leber, sie kühlt den Kopf und reduziert Pitta.

DER KAPHA-TYP

Der Kapha-Typ wirkt in allem etwas fülliger. Er hat dickes Haar, große schöne Augen, einen stabilen Körperbau und große Hände. Sein Immunsystem arbeitet hervorragend, er wird selten krank. Der Kapha-Typ legt schnell Gewicht zu und wirkt durch seine langsamere Art manchmal träge. Seine Stärken liegen in der strukturierten Organisation, einem hervorragenden Gedächtnis und seiner Beständigkeit. Daher findet man Kapha-Typen vermehrt unter Bankern, Kaufleuten und Politikern. Der etwas schwerere Kapha-Typ sollte sich niemals in Asanas zwingen, die nicht zu seinem Körperbau passen, zum Beispiel den Lotussitz. Um Kapha zu reduzieren, wird er davon profitieren, sich zu einer kräftigen dynamischen Yoga-Praxis zu motivieren. Mehrere rasche Runden Sonnengruß wärmen ihn und beleben seinen Stoffwechsel. Um die Verdauung anzuregen, könnte der Kapha-Typ Nauli Kriya, das Kontrahieren der Bauchmuskeln erlernen. Auch der Bogen ist eine ausgezeichnete Übung, um Kapha zu verringern. Alle Rückbeugen wärmen ihn. Auch sind sämtliche Standübungen empfohlen, da sie den Kapha-Typ wach, bewusst und begeistert halten. Wärmende Kapha-reduzierende Atemübungen sind Kapalabhati und Ujjay Pranayama.

BEISPIELÜBUNG FÜR DEN KAPHA-TYP:

VIRABHADRASANA – DER KRIEGER

Beginne die Übung im Stand. Spreize die Beine und drehe den rechten Fuß um 90 Grad nach rechts und beuge das rechte Knie im rechten Winkel. Strecke beide Arme zum Himmel, lege die Handflächen aufeinander und atme kräftig und rhythmisch. Diese Übung reduziert Kapha.

Die Weisheit des Yoga ist immer wieder überraschend. Die Allgemeinen gesundheitsfördernden Wirkungen der Yoga-Übungen können durch Ayurveda, die „Lehre des langen Lebens" ergänzt und verstärkt werden. So kommt in der heutigen modernen Zeit das wieder zusammen, was in den „alten" Yogazeiten schon zusammen gehörte: Yoga und Ayurveda als sich ergänzende Systeme.

Das Geheimnis der Ayurveda Heilpflanzen

Die ayurvedische Pflanzenheilkunde begeistert mich seit dem Tag, da mir das Buch „Der Yoga der Kräuter" von Dr. David Frawley in die Hände fiel. In unserem Heilkräutergarten in Berlin versuche ich seit einigen Jahren, neben heimischen Heilpflanzen auch Ayurveda-Pflanzen zu kultivieren. Der Erfolg ist durchwachsen. Vielen indischen Heilpflanzen gefällt es wohl im Himalaya doch besser als in Berlin. Dennoch können wir in der ayurvedischen Pflanzenwelt eine Vielzahl von Hilfestellungen für unsere Gesundheit und unser Wohlergehen finden. Um Dir einen geschmeidigen Einstieg in das Thema zu ermöglichen, stelle ich Dir hier das Prinzip „Ama und Agni" sowie vier Heilpflanzen vor, die den Körper, den Geist, den Energiekörper und den Darm stärken.

Kapitel 6

DAS WISSEN UM DIE HEILKRAFT DER PFLANZEN

Die Stärke des Ayurveda liegt in der Sicht auf den ganzen Menschen, sein Lebensumstände, sein Lebenswerk, das Klima, sein Karma, seine inneren emotionalen Zustände usw. Die Basis der Medizin in Asien und im Westen stellen die Heilpflanzen dar. In dem Maße, in dem der Westen sich detaillierter um die Molekularstruktur und die chemischen Inhaltsstoffe der Pflanzen bemühte, erblühte in Indien das Wissen um die Pflanzenheilkunde zu einer weit entwickelten Kunst. So kommt es, dass die westliche Medizin häufig zwar die Krankheit, aber nicht den ganzen Menschen behandelt.

Das „Ayurveda" steht in den ältesten Schriften der Menschheit, den Veden, und wurde einst von Weisen und Mystikern „erschaut". Die Ayurveda-Heilpflanzen werden dazu verwendet, um Überschüssiges auszuscheiden, Schwachstellen zu kräftigen, Organfunktionen zu verbessern und Agni, das innere Feuer, zu balancieren.

LICHT & PFLANZE

Die Weisen des alten Indiens haben die Pflanzen-Heilkunde in einem besonderen Bewusstsein betrachtet: Die Pflanzen sind der Vermittler zwischen Licht und Mensch. Unser physischer Körper und unser Energiekörper werden von kosmischen Kräften des Lichtes genährt. Die Kraft der Pflanzen ist es, uns dieses Licht zu übermitteln. Von daher erachten Naturvölker die Pflanzenwelt häufig als heilig. Aufgabe der Pflanzen ist es, Licht in Leben zu verwandeln. Aufgabe des Menschen ist es, Leben in Bewusstsein, in Liebe zu verwandeln. Diese drei: Licht, Leben und Liebe sind das große Eine.

Der rechte Gebrauch einer Heilpflanze bedeutet, an ihr teilzuhaben. Die alten Weisen Indiens lernten das Wesen der Heilpflanzen kennen, indem sie auf die Pflanze meditierten. Die „Direkte Wahrnehmung" ist die Wissenschaft des Yoga, nicht das Experimentieren und Analysieren.

AGNI, DAS INNERE FEUER

Aus ayurvedischer Sicht besteht die Gesundheit des Körpers aus der richtigen Funktion eines inneren Feuers, das „Agni" genannt wird. Agni ist nicht nur das Verdauungsfeuer, sondern bezeichnet die kreative Flamme, die allem Leben zugrunde liegt. Agni ist in der ganzen Natur gegenwärtig. Pflanzen speichern Agni. Wenn Agni schwach ist, wird die Nahrung schlecht verdaut. Es entstehen Toxine, die im Ayurveda als

„Ama" bezeichnet werden. Ama sammelt sich an und ruft physische und psychische Problemfelder hervor.

Die Eigenschaften von Ama und Agni sind gegensätzlich. Das toxische Ama ist schwer, kalt, feucht und übel riechend. Agni ist heiß, trocken, leicht und duftend. Ama entsteht auch durch das Festhalten an negativen Gefühlen. Diese löschen das geistige Agni, die Geistesschärfe. Heilpflanzen können zur Stärkung des Agni und dadurch zur Wiederherstellung des Immunsystems verwendet werden. Dadurch wird die Kraft der Aura wiederhergestellt, die nichts anderes ist, als der Glanz unseres Agni, der inneren Flamme. Bei Ama-Ansammlung beginnt jede ayurvedische Behandlung mit der Ausscheidung von Ama und der Stärkung von Agni.

HEILPFLANZE UND MANTRA
Der Ayurveda heilt stets auf zwei Ebenen, der körperlichen und der geistigen. Für den Körper wählt man passende Heilpflanzen, für den Geist ein passendes Mantra. Beide wirken auf das Prana, unsere Lebensenergie. Das Mantra wird mit der Erkrankung und der Heilpflanze abgestimmt und sowohl bei der Zubereitung der Heilpflanze sowie bei deren Einnahme gesprochen. Wenn kein spezifisches Mantra zu einer Heilpflanze bekannt ist, kann das Shakti-Mantra bei deren Zubereitung und Einnahme wiederholt werden:

OM Aim Hrim Klim Chamundaye Viche Namaha.

Alle Heilverfahren können mit der Liebe und Bewusstheit eines Mantras erheblich aufgewertet werden.
Die wahre Schönheit des Ayurveda liegt darin, nicht nur Beschwerdebilder zu beseitigen, sondern den Menschen im Ganzen so zu stärken, dass Ayurveda die Praxis des Yoga oder der Bewusstseins-Evolution fördert und zur Befreiung des Geistes zuträglich ist.

Dazu möchte ich vier stark wirksame Ayurveda-Heilpflanzen vorstellen:

ASHWAGANDHA
heißt frei übersetzt: „Die Kraft eines Pferdes" und ist ein Stärkungsmittel für den ganzen Körper, für die physischen Körperzellen.
Ashwagandha nimmt im Ayurveda einen hohen Stellenwert ein und gilt als die beste verjüngende Heilpflanze. Sie fördert die Regeneration der Gewebe. Auch geistig kräftigend und klärend wirksam, verwendet man sie bei Überarbeitung oder Schlafstörungen.

BRAHMI
Das asiatische Wassernabelkraut Brahmi ist das, was Ashwagandha für die Körperkraft ist, für den Geist. Brahmi fördert die Intelligenz, die Langlebigkeit und das Gedächtnis. Es revitalisiert die Nerven und Gehirnzellen und reinigt das Blut. Es lässt sich sogar bei Alzheimer und Demenz effektiv und unterstützend in Pulverform und Kapseln einnehmen.
Im Himalaya weit verbreitet, wird Brahmi, welches die Erkenntnis Brahmans, der höchsten Wirklichkeit, fördern soll, von den Yogis als Tee getrunken. Brahmi ist die Ayurveda-Heilpflanze mit der stärksten sattvigen, also spirituellen Wirkung.

KALMUSWURZEL

In Sanskrit: Vacha. Vacha bedeutet „Sprechen". Es beschreibt die Kraft dieser Heilpflanze, die Sprache kraftvoll und klar zu machen, sowie den Geist und Selbstausdruck anzuregen. Kalmuswurzel ist seit Jahrtausenden eine verehrte Heilpflanze der Rishis, der weisen Seher. Sie wird in kleinen Mengen als Pulver geschnupft (Nasya) oder im Ansatz über Nacht als Tee bereitet. Kalmus wirkt verjüngend für das Gehirn und reinigt die subtilen Kanäle, die Nadis. Um die zerebrale Durchblutung zu fördern und Prana und Lebenskraft Direkt zu revitalisieren, kann Kalmus mit Brahmi kombiniert werden.

TRIPHALA

Als Viertes möchte ich Triphala vorstellen, um nach den Stärkungsmitteln für Körper und Geist sowie der feinstofflichen Wirkung von Kalmus nun noch die Körpermitte zu pflegen. Triphala ist eine ayurvedische Mischung dreier Beeren, die sich ideal ergänzen. Sie wirken auf den Darm, unterstützen die Verdauung und die Aufnahme von Nährstoffen. Triphala reinigt den Körper von innen, ist leicht.

Ein bis drei Triphala Presslinge werden vor dem Zubettgehen eingenommen, um am Morgen mit gestärkter und gereinigter Körpermitte aufzuwachen.

Yoga ist die Religion des Herzens

Kapitel 7

Dr. David Frawley ist einer der renommiertesten und bekanntesten westlichen Gelehrten der vedischen Wissenschaften, vor allem des Yoga und Ayurveda. Der Autor zahlreicher Bücher reist seit vielen Jahren durch die ganze Welt, um das Licht dieses alten Wissens in den Herzen der Menschen zu entzünden.

Als ich David Frawley im Jahr 2008 persönlich kennenlernen durfte, berührte mich eine seiner wundervollen Tugenden besonders tief im Herzen. Eine Tugend, die ich bei echten authentischen Yogis immer wieder fühlen konnte: echte Bescheidenheit. Gepaart mit tiefem profunden Wissen und einer feinen Höflichkeit, ist Bescheidenheit in Davids Wesen derart präsent, dass jedes seiner Worte und jede seiner Gesten eine Schönheit und Reinheit ausstrahlen, eine kindliche Freude sogar, die Dir die wahre Qualität und freudvolle Spontanität eines Yogis vor Augen führen. Tauche hier nun in die Worte und Gedanken David Frawleys über Yoga, Meditation, Karma und seine Wiedergeburt im Westen ein.

Yoga & Ayurveda mit David Frawley

Stefan Datt: Mr. Frawley, was ist anziehend am Yogaweg und was inspiriert einen Menschen, mit Yoga zu beginnen?

Dr. D. Frawley: Yoga hat viele Aspekte, und es gibt viele Wege, Zugang zu Yoga zu finden. Ich denke, dass die meisten westlichen Menschen von Yoga als einem Weg zu tiefem Wohlbefinden angezogen werden. Yoga beinhaltet Wege, nicht nur den Körper zu harmonisieren, sondern auch den Atem, den Geist und das Bewusstsein. Es ist eine Form sehr entspannender Übungen. Es ist eine sanfte, freundliche Art, gut mit sich selbst und anderen umzugehen. Und es ist natürlich eine sehr alte Tradition mit reichhaltiger, großartiger Literatur und mit vielen Yoga-Meistern, die als Vorbild gelten.

S.D.: Was hat Sie selbst zum Yoga gebracht?

D.F.: Mein Interesse begann in den späten Sechzigern, als ich fast zwanzig Jahre alt war. Es gab damals immer mehr Yogalehrer, und in der westlichen Welt begann man, sich für die Yogalehre zu interessieren. Ich hatte damals bereits philosophische Gedanken. Was mich wirklich zu Yoga hinzog, war das Interesse, mit den Lehren der großen modernen Yoga-Meister wie Yogananda, Sri Aurobindo, Ramana Maharishi in Kontakt zu kommen. Die Erfahrungen des spirituell verwirklichten Meisters und die lebendige Yoga-Lehre treffen hier gleichzeitig zusammen. Damals war ich ungefähr achtzehn Jahre alt und damit noch recht jung ... ziemlich jung, ja – es war die Generation, die mehr mit dem spirituellen als dem physischen Yoga in Verbindung kam. Der physische Schwerpunkt des Yoga kam dann erst in den siebziger und achtziger Jahren.

S.D.: Gab es etwas Besonderes, das mit Ihnen damals geschah?

D.F.: Als ich herausfand, dass das Gesetz des Karma – von Ursache und Wirkung – das Leben wunderbar erklärte, da hat es „Klick" gemacht! Das Besondere, was mir passierte, war, dass ich all die Lehren der Verkünder der Selbstverwirklichung aufnahm und begann, Yoga zu praktizieren. Und tatsächlich hatte ich diese innerlichen mystischen Erfahrungen, es war außerordentlich erstaunlich. Ich praktizierte ein paar Mantras und Atemübungen – und schon begann die großartige Erfahrung, das Körperbewusstsein zu verlassen, und die Energien bewegten sich die Wirbelsäule hinauf und hinunter. Da konnte ich feststellen, dass diese Erfahrung Wirklichkeit war und nicht nur irgendeine Übung.

S.D.: Haben Sie eine persönliche Vorliebe in den Schriften der Yoga-Philosophie?

D.F.: Wir arbeiten oft mit den Bija Mantras, den kurzen komprimierten Samenklängen, wie zum Beispiel den Mantras für die zehn Erscheinungsformen der Göttin. Eine Quelle der Inspiration sind immer noch Mantren wie „Aham Brahma Asmi", „Tat Twam Asi", „Ayam Atma Brahma" – Du bist Brahman, das Selbst, Du bist Das.

S.D.: Wie kamen Sie zu dem umfassenden Wissen so vieler verschiedener Aspekte aus der indischen Kultur?

D.F.: Vielleicht habe ich bei einigen Dingen mehr nachgeforscht als andere Menschen. Wobei einiges Wissen einfach von der „anderen Seite" des Lebens zu mir zu kommen scheint. Das erste Buch, das ich herausgegeben habe, behandelte meine Kommentare zu den Upanishaden. Das hatte ich in meinen späten Zwanzigern geschrieben. M. P. Pandit, der Geschäftsführer des Sri Aurobindo Ashrams, ließ das Buch in Indien publizieren. Er sagte damals über mich, dass jemand, der solch ein Buch schreiben kann, schon in seinem vorherigen Leben damit zu tun gehabt haben muss, denn ein so junger Mann wie ich, der in Amerika geboren worden ist, könne nicht diese Kommentare zu den altehrwürdigen Upanishaden, besonders zu den älteren und obskureren, schreiben, wenn er sich nicht auf ein Hintergrundwissen aus der damaligen Zeit stützen könne. Ich kann das nicht beurteilen. Ich tat einfach, was ich tun musste. Rückblickend ist mir dann allerdings aufgefallen, dass niemand in unserer Generation derart über diese Dinge geschrieben hat.

S.D.: So kam das alte Wissen zu Ihnen zurück?

D.F.: Na ja, für mich kommt dieses Wissen aus meinem Inneren heraus. Das Wissen kommt von innen, aus der Meditation, nicht von außen. Ich sage manchmal zu meinen Zuhörern, dass man zu allen Gedanken kommen kann, wenn man die Schlüsselprinzipien beachtet und darüber meditiert. Man muss nicht alle Einzelheiten in allen Büchern und Kommentaren lesen, weil die grundlegenden Einsichten in einem selbst liegen. Yoga habe ich hauptsächlich durch die Natur gelernt, denn im Yoga finden sich die Kräfte der Natur. Auch die Yoga-Asanas, die Übungen des Yoga, entwickelten sich aus der Beobachtung der Tiere und sogar aus dem Abbild der Bäume. Yoga ist die Religion der Natur, die verbindet, integriert und zusammenfügt. Das beruht nicht auf einem persönlichen Dogma, einer Ideologie, einem Glauben. Es basiert auf dem Wissen, wie die Natur arbeitet.

S.D.: Das Verstehen der Natur scheint für unser tägliches Leben absolut relevant zu sein. Sie versuchen zu vermitteln, wie das traditionelle Wissen darüber in den modernen Alltag integriert werden kann.

D.F.: Ja. Im Yoga erfahren wir eigentlich alles über unser tägliches Leben.

Immer atmen wir, immer unternehmen wir etwas mit unserer Energie. Deshalb lernt man mit den Atemtechniken Pranayama, wie man atmet und die tieferen Energien des Lebens miteinander verbindet. Jeder Mensch vollführt ständig Bewegungen und Haltungen, und die Asanas, die Yoga-Übungen, sind ein ideales Mittel, mit sanften Bewegungen und Haltungen den Körper zur Ruhe zu bringen und somit auch den Geist. Erst Lösen von Spannungen, dann Energie, dann Meditation. Man denkt ständig über etwas nach, also warum soll man nicht lernen, seinen Geist zu nutzen, um größeren Frieden und tiefere Wahrnehmung zu erreichen. Mit Yoga kann man das erreichen. Ayurveda lehrt uns, welches die richtigen Nahrungs-mittel für uns sind. Was das richtige Umfeld ist, in dem wir uns bewegen sollten. Die Lehren gelten für das ganze Leben und für alles, was wir tun. Sie helfen uns, die Jahreszeiten und die Stationen des Lebens zu verstehen: Kindheit, Jugend, mittleres Alter, das Alter und auch den Tod.

S.D.: Sie sind nun zum ersten Mal in Berlin, und Sie haben das Berliner Yogafestival besucht. Welchen Eindruck hatten Sie?

D.F.: Beim Yogafestival hatte ich erstaunlich viele Zuhörer, die mit höchster Konzentration meinen Ausführungen folgten. Meine Vorträge waren ziemlich komplex, und es war ja nicht gerade der Stoff für eine „Anfänger-klasse". Ich sprach über Themen, die esoterische, tiefere und sehr komplexe Aspekte, ja auch philosophische Dinge, behandelten. Und ich habe wirklich kaum jemanden den Vortrag vorzeitig verlassen sehen (lacht). Es war wirklich eine der größten Zuhörergruppen, die ich je hatte. Das gesamte Yogafestival war wunderbar mit seinen vielfältigen Angeboten.

S.D.: Mr. Frawley, warum gibt es heutzutage so viele verschiedene Yoga-Richtungen, und welche von ihnen eignet sich für wen?

D.F.: Nun ja, zuerst muss man sagen, dass die meisten Leute unter verschiedenen Yoga-Richtungen die Asanas meinen; und ganz offen-sichtlich können die Übungsmethoden da sehr zahlreich sein. Eine Person erdenkt eine bestimmte Übungsfolge, eine andere Person entwickelt eine leicht abgewandelte Übungsfolge. Eine Person legt mehr Wert auf Bewegungen, eine andere unterrichtet mehr die statischen Positionen. Die Möglichkeiten, unterschiedliche Stile zu unterrichten, sind sehr groß. Einer unterrichtet in einem sehr heißen Raum, ein anderer vielleicht in einem Baum … man ändert einen Aspekt oder zwei, und schon ist ein neuer Stil geboren. Dann gibt man dem Ganzen einen Namen und vielleicht sogar ein Trademark. Man kann ausprobieren, was am besten zu einem passt. Ich kann nicht behaupten, alle Stilrichtungen zu kennen, und kann deshalb auch nicht sagen, was für wen am besten ist. Die großen Yoga-Richtungen wie Jnana Yoga, der Yogaweg des Wissens, oder Bhakti Yoga, der Weg der Hingabe, werden sich nie ändern. Im Bereich des Hatha-Yoga gibt es natürlich viele Arten von Pranayama-Atemtechniken bis zur Meditation. In der modernen Welt muss man seinen eigenen Stil haben, um sich gut vermarkten zu können. Im traditionellen Yoga gibt es wirklich keine Markenzeichen. Im klassischen Yoga gibt es keine nach einer Person benannte Yoga-Stilrichtung.

S.D.: Haben Sie nicht auch etwas Neues erfunden?

D.F.: Ich – etwas Neues erfunden? (lacht). Einige Sachen habe ich im Yoga und Ayurveda zusammengefügt, zum Beispiel die Idee, die Konstitutionsmerkmale, die Doshas und die drei Gunas, miteinander in Beziehung zu setzen. Eine andere Sache, auf die ich viel Arbeit und Begeisterung verwendet habe, ist eine bessere und ausführlichere Erklärung zu finden von Prana, Tejas und Ojas, den verschiedenen Manifestationen der Energie und wie die Anzeichen und Symptome dafür sind. Wir haben auch verschiedene Praktiken speziell für die Mantras und die Atemübungen entwickelt, obwohl das nicht alles in den Büchern steht. Ich versuchte, Dinge in der klassischen Art weiterzuführen und doch nicht unbedingt alles immer wieder unverändert zu wiederholen. Wir haben auch daran gearbeitet, westliche Heilkräuter mit ayurvedischen Konzepten in Verbindung zu bringen; hier versuchen wir also auch, innovativ zu arbeiten.

S.D.: Gibt es momentan eine Erneuerung alter Traditionen?

D.F.: Ja, das ist so. Zumindest in dem Sinn, dass in den letzten Jahren viel mehr Interesse daran deutlich geworden ist. Man sieht mehr Menschen in den Tempeln, und die Pilgerreisen haben stark zugenommen. Selbst die neue Mittelklasse in Indien scheint sich auf die Wurzeln zu besinnen, viel mehr als die vorherige Generation. Ich habe beobachtet, dass viele gute Bücher herausgegeben wurden über Astrologie und Ayurveda. Allerdings können wir auch beobachten, dass weniger große spirituelle Meister hervorragen, wie es zum Beispiel vor fünfzig Jahren der Fall war. Es gibt einen weit verbreiteten Mythos in Indien, dass die „alten Zeiten" so fantastisch waren. Und sie waren es auch! Nicht alle alten Zeiten ... aber manche der sehr alten Zeiten.

S.D.: Wie sieht die Quintessenz Ihrer Arbeit und Ihrer Botschaft an die Menschen aus?

D.F.: Ich würde sagen, dass Yoga und Ayurveda die allgemein verbreitete Lehre ist, die ihre Wurzeln in der Natur hat und auch in der göttlichen Prophezeiung. Es ist etwas, das jeden betrifft und auch für jeden fassbar ist. Es hilft zu dem Verständnis, wer du bist, wo du lebst, was du tust und wie du besser in Harmonie leben kannst. Jeder kann davon profitieren. Wir müssen uns nur mit offenen Sinnen damit befassen und bereit sein, es anzunehmen. Es gibt dabei kein Dogma, dem man folgen muss. Die Lehren zeigen Dir, wie du dein Leben besser gestalten kannst, typgerecht nach den Doshas und der Lebensenergie, die um Dich herum fließt. Die Einteilung in die Ayurveda-Doshas ist kein Konzept, in das du gequetscht wirst. Und da wir uns mehr und mehr in die Richtung einer planetaren und globalen Gesellschaft bewegen, brauchen wir ein System der Medizin, das die ganze Natur widerspiegelt. Wir brauchen eine Annäherung an eine Spiritualität, die individuellen Spielraum lässt und nicht einfach einen Massenglauben verordnet. Das ist es, was Yoga anbietet: neue Möglichkeiten, das Leben zu erfahren, die Realität und die Wahrheit.

Mantra Yoga – Frequenzen, die das Licht entzünden

Die Kraft und Schönheit der Sanskrit Mantras begleiten mich seit über 25 Jahren. Für mich gibt es keinen Tag ohne Mantras. Mit Begeisterung meditiere ich mit Mantras, singe innerlich Bhija Mantras beim Yoga und höre stundenlang Mantra-Musik und spirituelle Lieder während meiner therapeutischen Arbeit in meiner Physiotherapie-Praxis. Woher kommt die faszinierende Wirkung der altindischen Gesänge und kraftvollen Sanskrit-Silben? Entdecke die Geheimnisse des Devanagari, der „Sprache der Götter".

Kapitel 8

Mantra Yoga

FREQUENZEN, DIE DAS LICHT ENTZÜNDEN

Devanagari, die Sprache der Götter, besser bekannt als „Sanskrit", gilt als die älteste Sprache der Menschheit. Und das nicht, weil man sich mit den Ägyptern oder Äthiopiern streiten möchte, welche Sprache die ältere sei, sondern weil das Sanskrit aus dem Mensch selber entstanden ist.

DAS DEVANAGARI ALPHABET
Das Sanskrit Alphabet besteht aus 50 Buchstaben oder Silben, also circa doppelt so viele, wie im deutschen Alphabet. In Indien gibt es einen eigenen Berufstand, dem die Pflege und die Wacht über das Sanskrit, die heiligen Texte und die Sanskrit-Mantras, obliegt: die „Pandits". Diese sind grandiose Kenner der Schriften und hüten das Feuer der mächtigen Klangbilder der Sanskrit-Mantras. Das Erlernen der „Sprache der Götter" beginnt mit der Lautformung der 50 Buchstaben im Mundraum, denn

diese deckt alle Möglichkeiten der Klangbildung von Mund und Zunge ab; von den offensten Lauten wie „A und O", zu Zungenanstößen am Gaumen an allen verschieden möglichen Positionen bis zu den geschlossensten Lauten wie „M und N". Der universelle Klang AUM oder OM spiegelt das gesamte Klangspektrum wider. Alle Sanskrit-Mantras beginnen mit OM, der Urschwingung.

DIE INNEREN KLÄNGE

Der menschliche Energie-Körper besteht aus 72.000 Energiebahnen oder „Nadis" und deren mannigfachen Kreuzungspunkten, den Chakras. Entlang der Wirbelsäule befinden sich die sechs beziehungsweise sieben Hauptchakras, die Lebensenergie für verschiedene körperliche, psychische und transzendente Aufgaben speichern und bereitstellen. Als symbolische Darstellung der Chakras findet man häufig Lotus-blüten bestimmter Farbe und mit angedeuteten Blütenblättern. Die Anzahl der Blütenblätter zeigt an, wie viele Nadis sich in dem jeweiligen Chakra kreuzen:

1. Muladhara Chakra – Wurzelchakra – 4 Blätter = 4 Nadis

2. Svadhistana Chakra – Sakralchakra – 6 Blätter = 6 Nadis

3. Manipura Chakra – Solar Plexus – 10 Blätter = 10 Nadis

4. Anahata Chakra – Herzchakra – 12 Blätter = 12 Nadis

5. Vishuddha Chakra – Kehlchakra – 16 Blätter = 16 Nadis

6. Ajna Chakra – drittes Auge – 2 Blätter = 2 Nadis

7. Sahasrara Chakra – Kronenchakra – 1000 Blätter = 1000 Nadis

Zählt man nun die sich in den Haupt-Energiezentren kreuzenden Nadis der ersten sechs Chakras, (das siebte liegt jenseits der materiellen Welt), zusammen, erreicht man die Zahl 50. Diese korrespondiert mit den 50 Buchstaben des Sanskrit Alphabets. Wenn das Prana, die Lebensenergie, durch eine Energiebahn fließt, erzeugt dies eine Schwingung, eine Welle vergleichbar einem elektrischen Impuls oder einer angezupften Gitarrensaite. Jede Welle lässt sich physikalisch in Form von Licht und Klang

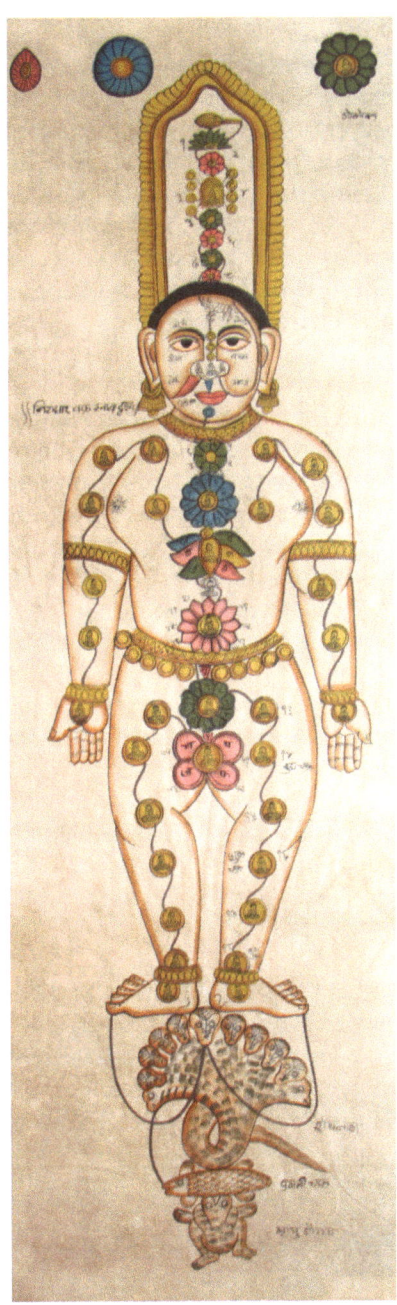

darstellen. Nun haben die Rishis, die alten Yogameister im Himalaya, in ihren tiefen Meditationen und überbewussten Zuständen den Energiekörper sehr genau studiert und die fließende Energie in den Nadis „hören" gelernt. Sie artikulierten die Energiebewegungen und formten die 50 Sanskritsilben, Klänge, die die Schwingungen der Nadis ausdrücken. Werden nun die Silben des Sanskrit-Alphabets in energetische Muster zusammengesetzt, oder zusammen gesetzt gehört, entstehen Mantras, oder in Klang gegossene energetische Muster.

SANSKRIT MANTRAS

Sanskrit-Mantras bestehen aus unterschiedlich vielen Silben und aktivieren demnach bestimmte energetische „Fließmuster" in den 50 Haupt-Nadis. Man kann sagen, ein Mantra gleicht einem energetischen Stempel, den der Praktizierende auf seinen Energiekörper prägt. Jetzt wird klar, warum die Mantra-Yoga-Praxis die häufige Wiederholung eines Mantras betont: der Stempel wird wieder und wieder auf den Energiekörper geprägt, sodass dieser eine neue Form oder ein bestimmtes Muster bildet. Da unser Geist Direkt mit dem Energiekörper verbunden ist, beeinflussen und spiegeln sich beide ineinander. So entwickelt jedes Mantra, sei es laut gesprochen, gesungen, geflüstert oder gedacht eine spezifische Wirkung auf das Prana und damit auf den Geist.

Im Yoga, dem Weg zu Erkenntnis und innerem Frieden, werden von altersher Meditations-Mantras benutzt, um den Geist ohne Umwege in eine meditative, rezeptive und ausgeglichene Schwingung zu versetzen. Und obwohl alle Mantras Dich der Selbstverwirklichung näher bringen, kann der Charakter der verwendeten Mantras sehr unterschiedlich sein. So führt Dich das eine Mantra in ein buntes Leben der Schönheit, der Kreativität und der gelungenen Beziehung zur Welt, und ein anderes Mantra entwickelt in Dir den Geist der Entsagung alles weltlichen, der Askese und den Wunsch nach tiefer Meditation. Die Intensität oder Tiefe des Lebens kann durch alle klassischen Sanskrit-Mantras bereichert werden.

Schön kann es jedoch auch sein, wenn wir uns für ein persönliches Mantra entscheiden, das uns im Leben begleitet und eine Kraft an unserer Seite bildet, die immer dann benutzt werden kann, wenn das Leben von uns eine gesteigerte Aufmerksamkeit, mehr Ruhe oder mehr Lebenskraft verlangt. Die Wahl und die Einweihung in ein persönliches Mantra sollte mit einem vertrauenswürdigen Yogalehrer besprochen werden und eine starke Kraft oder Flamme der „Linie der Lehrer" weiterreichen.

SPEZIELLE MANTRAS
Letztendlich kann man über das richtige Artikulieren verschiedener Mantras spezielle Wirkungen und Fähigkeiten in sich entwickeln. So gibt es ayurvedische Mantras, die in der Medizin zur Heilung eingesetzt werden, auch zu bestimmten Körperteilen oder Organen. Es gibt Mantras, die im Jyotish, der vedischen Lehre des Lichts, also der Astrologie, eingesetzt werden, um planetarische Einflüsse auszugleichen. Es gibt sogar Mantras in der „schwarzen Magie" oder Mantras für bestimmte Tages- oder Jahreszeiten.

Einst traf ich in Indien einen yogischen Koch, der mit Mantras kochte. Er erklärte mir, dass jeder Arbeitsschritt, das Waschen, das Schneiden, das Feuer entzünden, das Rühren usw. sowie jedes Lebensmittel, die Kartoffel, der Reis, ein eigenes Mantra hat, eine korrespondierende Schwingung, die er benutzt, um den Eintopf, förmlich die „Mantra-Suppe", energetisch aufzuladen.

NADA-YOGA
Nada-Yoga, der Yoga des Klangs, benutzt die Musik selbst. Nada-Yoga ist das sich vollständige Vertiefen in erhebende Musik. Der Nada-Yogi

verbindet seinen Geist mit den Schwingungen der Musik, die er hört oder spielt, und verschmilzt dermaßen mit den Klängen, dass er die Welt und sich selbst vergisst und Eins wird mit dem großen Ganzen – Samadhi, die Selbsterkenntnis.

Swami Nadabrahmananda ist ein leuchtendes Beispiel eines selbst-verwirklichten Nada-Yogis. Sogar medizinische Tests zeigen, dass Swamiji beim Spielen der Tablas über einen längeren Zeitraum vollständig aufhört zu atmen und seine Energie wohl aus der Quelle des Lebens Direkt beziehen muss. Jeder von uns kennt die glücklichen Momente von berauschender Musik und Tanz. Werden diese jetzt mit den Sanskrit Mantras kombiniert, sind wir im vollen „Parabhakti", der höchsten Hingabe an die Schönheit der Klänge und die Energie des Lebens.

DIE NADA-YOGA ERFAHRUNG
Der Yoga der Klänge erreicht Dein Herz im Sturm. Es gibt kein Halten. Gute und schlechte Gedanken können nicht am Geist haften bleiben. OM. Das mächtige Singen, der ergreifende Klang, der entrückte Vorsänger und die begeisterte Schar der Nachsänger, der tosende Ozean der Lebensfreude, das rollende ‚R', das summende ‚M', das öffnende ‚A', eine Kraft. RAM RAM RAM.
Das leise Singen, leiser werdend, nach innen singend, sich zurückziehend in Wellen und Weiten, das Hören der Gedanken, das Hören der Zimbeln und Flöten, ist die Auflösung des Geistes. Alles wird still, Alles ist Klang. OM Shanti Shanti Shanti

Yoga-Anatomie

Zurück zum Hatha Yoga, zurück zu den Asanas, hinein in die „Stuhla Sharira", den physischen Körper. Am Beispiel des „Drehsitzes" und des „Schulterstands" möchte ich Dir einen anatomischen Blick auf die Asanas eröffnen.

Das darauf folgende Kapitel widmet sich dann den neuen Erkenntnissen über die Körper-Faszie und der wichtigen Funktion, die ein gut gestaltetes Faszien-Yoga für unser Wohlbefinden, im eigenen Körper frei und beweglich zu wohnen, entfaltet. Eine kleine Zusammenstellung über die Vielzahl verschiedener Hatha-Yoga Schulen ergänzt die Asana-Themen.

Kapitel 9

Die Yoga-Asanas mit ihrem vielfältigen Repertoire an Bewegungen und Gegenbewegungen, Rotationen und Halteübungen dehnen und kräftigen Muskeln, massieren innere Organe und öffnen Energiekanäle. Die Wirkung der Übungen lassen sich auf allen Ebenen feststellen: Wir schlafen besser, können klarer denken und haben im Allgemeinen mehr Lebensfreude und Energie. An zwei Beispielen erläutere ich die anatomische Wirkungsweise der Asanas.

Schon seit Anbeginn des Yoga sprechen die Yogis von den drei Körpern des Menschen: dem physischen Körper, Stuhla Sharira, dem Energiekörper, Sukshma Sharira und dem Kausalkörper, Karana Sharira. Alle drei bestehen aus mehr oder weniger fester Materie und weisen daher eine Anatomie auf. Alle drei sind derart miteinander verwoben, dass eine Änderung an einem der Körper die anderen beiden beeinflusst. Yoga beeinflusst alle drei Körper positiv. Kein Wunder also, dass Yoga das Gefühl bewirkt, sich in seiner eigenen Haut wohlzufühlen; körperlich und geistig.

Das Erleben eines freien Energieflusses hat dabei eine große Bedeutung in Bezug auf die eigene Gesundheit und innere Zufriedenheit. Wie reagiert nun der Fluss der Energie, des Prana, auf körperliche oder geistige Bewegung sowie auf die Bewegung der Atmung? Der Raum, dies zu erforschen, ist an erster Stelle unser physischer Körper. In diesem Raum haben wir die Möglichkeit, Atmung und Energie zu erleben. Den physischen Körper besser zu kennen und zu verstehen führt uns auf den Pfad, uns selbst besser kennenzulernen. Anatomische Kenntnisse helfen, die Übungen korrekt auszuführen und sich nicht zu verletzen. An den Beispielen des Drehsitzes und des Schulterstandes erkennen wir die Bedeutung einiger anatomischer Grundlagen für eine korrekte Ausführung. Let's go!

DER HALBE DREHSITZ, ARDHA MATSYENDRASANA

Der weise und berühmte Yogi Matsyendra, so sagt es die Legende, soll diese Übung entwickelt haben. Auf dem Bild sehen wir den halben Drehsitz mit einer einfachen Armhaltung. Es gibt auch eine Reihe anspruchsvollerer Variationen und Armpositionen.

AKTIVE GELENKE

Die Wirbelsäule ist zum aufgestellten Bein verdreht. Alle 24 beweglichen Wirbel sind zu ihren Nachbarwirbeln gedreht. Das aufgestellte Bein ist im Hüftgelenk stark gebeugt und adduziert, d.h. zum Körper herangezogen. Diese Adduktion des Beines ist eine gute Gegenbewegung und Gegendehnung zum yogischen Sitz mit gekreuzten Beinen. Diese Hüftgelenks-Adduktion ist in den Yoga-Grundpositionen rar. Auch das untere Bein ist adduziert, wenn auch nicht so stark.

AKTIVE MUSKELN

Die langen Rückenstrecker halten den Rücken in dieser Übung aufgerichtet. Die schrägen Bauchmuskeln helfen bei der Drehung des Oberkörpers. Der Kopfwender, Musculus sternoclaidomastoideus, dreht den Kopf endgradig.

Die Muskeln, die die beschriebene Adduktion des Beins machen, sind: M. Gracilis, M. Pectineus und der große Adduktor. Die Rautenmuskeln, die zwischen den Schulterblättern liegen, halten das Schulterblatt, die Scapula, gegen den Widerstand des Beines fest.

GEDEHNTE MUSKELN

Die inneren und äußeren schrägen Bauchmuskeln werden gedehnt. Ebenso die Rückenstrecker und der Latissimus dorsi, der breite Rückenmuskel. Die Adduktion des aufgestellten Beins dehnt den großen Gesäßmuskel und – wichtig, da häufig verspannt – den M. Piriformis, den birnenförmigen Muskel zwischen Kreuzbein und Oberschenkel. Die Rautenmuskeln arbeiten exzentrisch und erfahren so ebenfalls eine Streckung.

HINWEISE

Der ganze Rumpf ist an dieser Drehung beteiligt. Die Wirbelsäule soll wirklich gerade gehalten werden, da eine gebeugte Lendenwirbelsäule die Stabilität der Lendenwirbel und Bandscheiben gefährdet. Eine Überstreckung der Wirbelsäule hingegen behindert die Brustwirbelsäule und erschwert das achsengerechte Drehen.
Eine weiche Drehung kann in dieser Position „vorgetäuscht" werden, wenn statt der Wirbelsäule hauptsächlich der Schultergürtel und die Schulterblätter gedreht werden. Die Hebelwirkung der Arme kommt erst am Ende der Drehbewegung als vertiefendes und stabilisierendes Element dazu. Zu starker Einsatz der Arme kann die verletzliche Stelle zwischen Brustwirbel elf und zwölf belasten.

WIRKUNG UND ATMUNG

Beim Atmen im Drehsitz drückt der Bauch gegen den Oberschenkel, die Bauchorgane werden massiert. Ardha Matyendrasana bringt die beiden Hauptenergieströme des Körpers, Prana und Apana, die normalerweise aufwärts und abwärts fließenden Energieströme, dazu, sich Richtung Kopf zu bewegen. Die Asana integriert und verbindet die Energiezentren, die Chakras entlang der Wirbelsäule, untereinander. Man sagt, der Drehsitz verhilft bei regelmäßigem Üben zu einem tiefen und gesunden Schlaf, und man benötigt weniger Schlaf, um sich auszuruhen.

DER SCHULTERSTAND, SARVANGASANA

Der Schulterstand gehört zu den klassischen Umkehrstellungen und entfaltet vielfältige positive Wirkungen für Körper und Geist. Aus dem Sanskrit übersetzt heißt Sarvangasana: „Stellung für alle Teile des Körpers".

AKTIVE GELENKE

Die Hals- und Brustwirbelsäule sind im Schulterstand stark gebeugt, die Kniegelenke gestreckt. Die Unterarme sind supiniert, d.h. nach außen gedreht, und die Hände stützen den Rücken.

AKTIVE MUSKELN

Die geraden und schrägen Bauchmuskeln sowie die gesamte Binnenmuskulatur der Wirbelsäule sind sehr aktiv, um ein Umkippen des Körpers zu verhindern. Der Levator scapulae, der Schulterblattheber, presst die Schulterblätter gegen den Boden und dreht die unteren Schulterblattwinkel zueinander. Der kleine Brustmuskel hilft dabei, die Schulterblätter ebenfalls abwärts zu drehen. Um die Beine aufrecht zu halten, tragen die rückwärtigen, also die dorsalen, Oberschenkelmuskeln und der große Adduktor eine gewisse Spannung.

GEDEHNTE MUSKELN

Die Bauchmuskeln sind in der Dehnung aktiv. Die Muskeln der Brust- und Halswirbelsäule werden ebenso gedehnt wie der große Brustmuskel.

HINWEISE

Um einen guten Schulterstand zu üben, sollten die Muskeln, die die Schulterblätter adduzieren und abwärts drehen, stark genug sein, um das ganze Körpergewicht zu tragen. Sind sie es nicht, spreizen sich die Schultern auseinander und das Gewicht lastet zu sehr auf dem Nacken und der oberen Brustwirbelsäule.

Im Schulterstand werden das Herz gekräftigt und die inneren Organe entlastet. Es findet eine passive Lymphdrainage statt. Die drei Bandhas, die Energieverschlüsse, die Energiebahnen blockieren, damit sich andere öffnen, lassen sich in dieser Haltung erfahren: das Mula Bandha, das die Apana-Energie Richtung Kopf lenkt, das Uddiyana Bandha, das Zurückziehen der Bauchdecke und das Jalandhara Bandha, der Kinnverschluss durch die Beugung der Halswirbelsäule. Somit speichert der Körper in dieser Haltung ein großes Maß an frischer Energie.

YOGA WORKS

Yoga funktioniert. Auch aus physiotherapeutischer Sicht ist das System der Asanas und deren Reihenfolge ein hervorragendes gewachsenes ganzheitliches Übungsprogramm. Die Yoga-Übungen bewegen und kräftigen alle Körperteile und wirken therapeutisch und prophylaktisch gegen vielerlei Kreuz- und Rückenschmerzen.

In meiner Arbeit als Physiotherapeut lasse ich Yogaübungen einfließen. Gerne empfehle ich eine Fortsetzung der „Behandlung" im Rahmen unserer Yogastunden, um die Behandlungsergebnisse langfristig zu stabilisieren. Für Schmerzpatienten und Bewegungsanfänger bieten wir spezielle Kurse an. Yogateilnehmer können sich bei uns physiotherapeutisch „durchchecken" und typgerecht beraten lassen. Einmal im Jahr startet unsere Yogalehrer-Ausbildung für ein fundiertes Studium der Wissenschaft des Yogas in Theorie und Praxis. In einem 500-Stunden Aufbaukurs kann „lebensbegleitend" tiefer eingetaucht werden und die Zulassung bei Krankenkassen als Übungsleiter/in erlangt werden. Die Kombination aus aktivem Yoga und passiven Behandlungen hat sich über viele Jahre bewährt.

Kapitel 10

Faszien-Yoga

NACHHALTIG ENTSPANNEN, TIEFGREIFEND VERÄNDERN, SCHMERZEN UND STRESS REDUZIEREN.

Es ist schon erstaunlich, dass man nach den Hunderten und Tausenden Jahren, die man der Erforschung des menschlichen Körpers widmete, doch immer noch etwas völlig Neues entdecken kann: das Faszien-System oder die Funktion des menschlichen Bindegewebes. Nicht, dass man um das fasziale Netz nicht schon wusste, jedoch wurde seine Bedeutung auf den Organismus im Ganzen grundlegend unterschätzt. Genau genommen müssten wir von den Faszien im Singular sprechen, denn es ist eine Faszie, die den Körper durchzieht. Vielleicht ähnlich der Haut können wir die Faszie dann lokal beschreiben: die Faszie am Oberschenkel, die Faszie an der Handfläche usw..

Bislang wurden die weißen Bindegewebsschichten, Netze und Häute als wertloses Füllmaterial abgetan. Ja sogar verschwand die Faszie im Laufe der Jahre mehr und mehr aus den Anatomie-Atlanten, die Faszie schrumpfte von Ausgabe zu Ausgabe, da man sich mehr auf die Organe, die Muskulatur und das Skelett konzentrieren wollte.

Umso bedeutender ist die Entdeckung der mannigfachen Funktionen des kollagenen Netzes, das den Körper gänzlich durchdringt. Neuste Forschungen, allen voran die hingebungsvollen Untersuchungen von Dr. Robert Schleip, lassen die faszialen Schichten in einem neuen Licht erscheinen. Die Faszie hat einen großen Einfluss auf unsere Beweglichkeit, unsere Dynamik und das Schmerzempfinden. Denn, was man bisher nicht wusste: die Faszie leitet Schmerzsignale und kann sogar richtig weh tun. Etwa sechsmal mehr Sinneszellen in der Faszie als in der Muskulatur machen das Bindegewebe zu einem echten Sinnesorgan. Dass sich Faszien-Fasern aktiv kontrahieren, also zusammenziehen können, weiß man erst seit kurzem; Dr. Schleip hat den entsprechenden Transmitter gefunden. Und dass sie die Muskulatur in ihrer Arbeit breitflächig unterstützen, ist ebenfalls neu für die Anatomen. Die Lumbalfaszie, die große rautenförmige Sehnenplatte am unteren Rücken ist dieser Ansicht nach sogar für die allermeisten Schmerzzustände in dieser Körperregion verantwortlich. Normalerweise ist dieser Teil der Faszie circa 3 mm dick. Bei Rückenschmerzpatienten verfilzt diese Platte auf bis zu 8 mm, wird unbeweglich und beginnt zu schmerzen. Die Rückenmuskulatur, die beim gesunden Menschen der Lumbalfaszie einen guten Anteil an der Haltearbeit überträgt, vertraut einer Faszie nicht mehr, die sich in einem schlechten Zustand befindet, d.h. die zu trocken, zu verfilzt und zu dick ist. Sie überträgt ihr dann keine wirkliche Haltearbeit mehr. Die Muskulatur wird sukzessive überlastet, und der Teufelskreis schließt sich.

WAS IST DIE KÖRPER-FASZIE?

Die Faszie besteht aus festen kollagenen Bindegewebsfasern und viel gebundener Flüssigkeit, die sie geschmeidig macht. Bei einem jungen Menschen finden wir 80% Flüssigkeit in der Faszie, im Alter nimmt die Flüssigkeit deutlich ab. Vom Modell her vergleichbar mit einer durchgeschnittenen Orange, sehen wir am Körper eine äußere feste Faszienschicht, gleich einem Taucheranzug, der unserem Körper die eigentliche Form gibt; die fascia superficialis. Aber wie auch bei der Orange gibt es weiße Häute und Fasern, die in das Innere vordringen, jedes Organ, jeden Muskel und jeden Knochen umhüllen und alles mit allem verbindet; die fascia profunda, die tiefliegende Faszie.

Messungen haben nun ergeben, dass die ganze Faszie von der Fußsohle bis unter die Kopfhaut reagiert, wenn man dem faszialen Netz an irgendeiner beliebigen Stelle einen Impuls zuteil werden lässt. Der Modellversuch dazu wird wie folgt ausgeführt: Mache eine Vorwärts-beuge im Stand, merke Dir, welchen Abstand die Fingerspitzen zum Boden haben. Massiere und dehne nun langsam und tief die Plantar-faszie unter der Fußsohle und stelle fest, dass sich die Fingerspitzen bei der erneuten Vorbeuge deutlich weiter zum Boden senken lassen. Die Körperfaszie und die Lumbalfaszie haben auf die lösende Faszien-massage der Fußsohle reagiert und Spannung nachgelassen.

DIE FASZIEN-BEHANDLUNG

Eine Faszie ist netzartig aufgebaut und braucht Druck und Zug, Scher-kräfte und Dehnungen in alle Richtungen. Eine manuelle Behandlung der Faszien kann sehr hilfreich sein, um Schmerzbereiche wie die Schulter, den Nacken oder den unteren Rücken grundlegend zu entlasten. Hierbei verwendet der Therapeut extrem langsame und tiefgehende Ausstreichungen in alle Faserrichtungen. Eventuell kann ein sogenannter „Faszien-Spatel" zum Einsatz kommen.
Die meisten Verletzungen, die wir uns zuziehen, betreffen die Faszie, also das Bindegewebe: Bänderrisse, Sehnenverletzungen, Außenband, Innenband, Kreuzband, Gelenkkapsel usw.. Da man durch ein gezieltes Faszientraining Verletzungen gut vorbeugen kann, erhält die spezi-fische Faszienarbeit gerade im Profi- aber auch im Breitensport eine gesteigerte Aufmerksamkeit.

FASZIEN-YOGA

Das klassische Yogasystem bietet sich an, die Faszie effektiv zu trainieren, da die vielfältigen Dehnungen im Vordergrund stehen. Das Faszien-Yoga zielt dabei Direkt auf die Faszienketten des Körper und versucht, diese sanft zu dehnen. Im Gegensatz zum klassischen Hatha-Yoga, bei dem der Fokus stets auf den Chakren, also auf der Wirbelsäule liegt, trainieren die Faszien-Übungen eher die „äußeren" Strukturen des Körpers; die Faszie außen am Oberschenkel, am Bauch und Rücken, die faszialen Linien entlang der Schulter. Der Übende hält die Fasziendehnungen länger als eine gewöhnliche Yoga-Übung, nämlich drei bis fünf Minuten, um den höheren Widerstand der faszialen Netze zu lösen. Gleichzeitig und im Gegensatz zur klassischen Asana federt der Übende leicht in Mikrobewegungen und in alle möglichen Richtungen der gehaltenen Dehnung.

Da eine Faszien-Yoga-Praxis mit dieser Übungsweise sehr beruhigend und entschleunigend wirkt, lehnen wir sie gerne an das meditative Yin-Yoga an. Im Gegensatz zu Yang-betonten Yogastilen, wie Power-Yoga oder Hot-Yoga, betont das Faszien-Yoga oder Yin-Yoga das „nach innen schauen" und das tiefgreifende zur Ruhe kommen der Gedanken.

Wer Yogaübungen gerne etwas länger hält, dem kommt das Faszientraining sehr entgegen. Zusammenfassend kann man sagen, dass Faszien-Yoga nachhaltig Schmerzzustände und Stress reduziert, tiefsitzende Verspannungen gründlich löst, den Geist entschleunigt und das Energieniveau wirksam ausgleicht.

Yoga –
aber bitte mit Stil

Schlicht Hatha-Yoga nennen viele Lehrer die von ihnen gelehrten Übungsfolgen kaum noch. Obwohl sie im Grund alle auf dem klassischen Stil basieren, haben sich im Laufe der Jahre verschiedene Schulen mit unterschiedlichen Schwerpunkten herausgebildet. Hier ein Überblick ausgewählter Yoga-Stile in alphabetischer Reihenfolge.

Kapitel 11

ANUSARA-YOGA
Vom Amerikaner John Friend 1997 begründeter Yogastil. Anusara heißt: „folgen, nachfolgen" oder „natürlicher Zustand". Ziel ist eine sehr genaue Ausführung der Stellung sowie eine freudige, eine „dem Herzen folgende" Yogapraxis.

ASHTANGA-YOGA

Der Inder Sri Krishna Pattabhi Jois (geb. 1915) entwickelte eine sehr kraftvolle und dynamische Form des Hatha-Yoga. Es werden vorgegebene, sehr fordernde dynamische Reihen geübt. Die einzelnen Asanas werden gelegentlich durch Sprünge miteinander verbunden.

BIKRAM-YOGA ODER HOT-YOGA
wird bei 38 Grad und bis zu 40 % Luftfeuchtigkeit praktiziert. Es besteht aus einer Abfolge von 26 Hatha-Yoga-Übungen und zwei Atemübungen.

KLASSISCHES HATHA-YOGA

ist die im Westen am häufigsten praktizierte Form. Wenn im Allgemeinen von „Yoga" gesprochen wird, ist meist Hatha-Yoga gemeint. Für Einsteiger stehen einfache Übungen im Mittelpunkt. Diese werden aneinandergereiht und dann im harmonischen Übergang absolviert, Beispiel: der Sonnengruß, Surya-Namaskar. Der Atmung kommt eine besondere Bedeutung zu. Die Kombination aus der richtigen Atemtechnik und der Asana-Abfolge sichert den Erfolg für den Yoga-Übenden. Mehr als 85 Asanas, wie Steh-, Sitz- und Liegeübungen, Vorwärtsdehnungen sowie Balanceübungen können erlernt werden.

IYENGAR-YOGA

Der Inder B.K.S. Iyengar (sprich: aiyen-gar), geb. 1918, entwickelte eine kraftvolle, dynamische und körperlich wie mental recht fordernde Art des Hatha-Yoga. Bei den Übungen wird viel Wert auf exakt vorgegebene Körperhaltungen gelegt. Typisch ist die Verwendung von Hilfsmitteln wie Gurten, Klötzen, Bänkchen oder Klappstühlen.

JIVAMUKTI-YOGA

wurde von der Tänzerin Sharon Gannon und dem Künstler David Life in den 80er Jahren in New York entwickelt. Jivamukti heißt übersetzt so viel wie „die Befreiung der Seele" und ist eine moderne Form des Hatha-Yoga. Typisch für ein fortgeschrittenes Jivamukti-Yoga sind fließende akrobatische Choreographien, die mit den klassischen Asanas spielerisch umgehen.

KUNDALINI-YOGA

Im Kundalini-Yoga geht es um Anregung und Verstärkung jener Energie, die als im Becken oder am unteren Ende der Wirbelsäule ruhend angesehen wird, die Kundalini Shakti. Dies wird durch intensive Atemübungen, verschiedene Asanasfolgen, die Kriyas genannt werden, und durch Meditation und Mantra-Chanting zu erreichen versucht.

KRIYA-YOGA

Eine sehr alte indische Übungsmethode, bestehend aus speziellen Körper- und Atemübungen, Reinigungstechniken und Meditation mit Schwerpunkt auf Geistesschulung. Bekanntester Vertreter war der Inder Paramahamsa Yogananda, der „Die Autobiografie eines Yogi" geschrieben hat.

SIVANANDA-YOGA UND YOGA VIDYA

praktiziert Yoga nach Swami Vishnudevananda, einem Schüler von Swami Sivananda. Geübt wird klassisches Yoga mit Tradition und ganzheitlichem Ansatz in fünf Punkten: richtige Asanas, richtige Atemübungen, richtige Tiefenentspannung, richtige Ernährung, positives Denken und Meditation.

TRI-YOGA FLOW

wurde von der Amerikanerin Kali Ray begründet. Sie verbindet Asanas, Pranayama und Handmudras zu fließenden Sequenzen, den "Flows". Die Erweckung der Lebensenergie „Prana" steht hier, wie in allen Yoga-Stilen, im Fokus. Der Begriff Tri-Yoga steht für das Streben nach der Drei-Einheit von Körper, Geist und Seele.

VINI-YOGA

wurde von Shri Krishnamacharya (1888 – 1989) und seinem Sohn T.K.V. Desikachar entwickelt. In sanft aufgebauten Übungen wird viel Aufmerksamkeit auf die individuellen Bedürfnisse und Möglichkeiten des Übenden gerichtet. Gerne fließen hier therapeutische Ansätze in das Übungsprogramm ein.

VINYASA FLOW YOGA

ist eine kreative und dynamische Form des Yoga, deren Ursprung im Ashtanga-Yoga liegt. Vinyasa eignet sich für Geübte und solche, die es noch werden wollen. Der Fokus liegt hier auf einer präzisen Ausrichtung der Körperpositionen und auf dem „Flow", geschmeidig durch die Übungen zu gehen.

Atemwege zum Glück

Zurück zum Hatha Yoga, zurück zum Pranayama – neue Aspekte und Übungen zur eigenen Atmung. Schauen wir uns noch einmal etwas genauer unsere Atmung und die darin immanent verborgenen Kräfte an. Hier findest Du Übungen, Heilkräuter und Tips für eine lebensbejahende Atmung sowie im nächsten Kapitel eine kurze Erklärung von „Swara Yoga".

Kapitel 12

NA, DANN HALT EINFACH MAL DIE LUFT AN...

Nachdem wir neun Monate lang durch die Nabelschnur der Mutter mit Sauerstoff versorgt worden sind, durchtrennt die Geburtshelferin nach unserer Geburt unsere wichtigste Verbindung und lässt uns mit der mit Wasser gefüllten, eingefalteten Lunge nach Luft ringen. Der erste Atemzug braucht etwa viermal so viel Kraft wie jeder folgende. Das Blut schießt in unsere plötzlich geweitete Lunge. Bald schon bilden sich zwei Herzkammern, und einige Adern werden zu Bändern.
Nun gilt es an erster Stelle, das Gewicht des Körpers zu tragen und in die Schwerkraft auszurichten. Eine Körperhaltung, die es der Atmung erlaubt, so frei und tief wie möglich zu fließen, muss entdeckt werden und wird sich kontinuierlich verbessern. Später, wenn der Körper gereift ist, wird die Körperhaltung und die ihr entsprechenden Atemmuster unser Leben zu einem großen Teil mitbestimmen.

ATME ICH – ODER ATMET ES MICH?
Wenn wir uns des eigenen Atems bewusster werden, können wir dessen Verbindung zu unserer momentanen Körperhaltung und unserem gegenwärtigen Geisteszustand leicht beobachten. Alle drei Faktoren bedingen einander und können willentlich verändert werden.

„Es atmet der Mensch – nicht nur das Zwerchfell, nicht nur die Lunge, nicht der Bauch. Es atmet der Mensch!"

PROF. GRAF DÜRCKHEIM

BITTE NIMM DIR EINEN MOMENT ZEIT, ÜBER DEINE EIGENE ATMUNG NACHZUDENKEN:

1. Atme ich überwiegend mit Brustkorb-Bewegung
2. Empfinde ich meinen Atem häufig als flach oder oberflächlich
3. Atme ich in Ruhe häufiger als 14 x pro Minute
4. Bin ich zu oft müde und das sogar morgens

Hast Du eine Frage mit „Ja" beantwortet, könnte eine leichte regelmäßige Atempraxis von großem Nutzen für Dich sein. Komm, mache gleich mit!

„So wie wir Löwen und Elefanten Schritt für Schritt zähmen, so sollen auch Atem und Prana unter Kontrolle gebracht werden"

HATHA YOGA PRADIPIKA 2/15

Beginne damit, Deine Körperhaltung immer wieder zu korrigieren und beobachte, wie sich Deine Atmung verändert. Übe im Sitzen, Stehen und Gehen den Atem bis tief in den Unterbauch strömen zu lassen und mehr Luft als gewöhnlich auszuatmen. Höre damit auf, in fordernden Situationen flach zu atmen und „verbrauchte" Luft in den Atemwegen hin- und herzuschieben, sondern atme erst recht in anspruchsvollen Momenten lange und entspannend aus. Nimm Dir einmal am Tag mindestens fünf Minuten Zeit, Dich zu setzen und den Atem entweder einfach so weit zu verlangsamen, wie es Deine Tagesform zulässt, oder übe einige Runden Wechselatmung.

Hierfür atme lange ein, schließe dann das rechte Nasenloch mit dem rechten Daumen und atme links aus. Nach der dann folgenden Einatmung auf der linken Seite schließe beide Nasenlöcher und halten den Atem so lange an, wie es sich gut anfühlt. Die nächste Ausatmung ist rechts und soll so leise sein, dass Du sie selbst kaum hören kannst. Nach der Einatmung rechts halte wieder den Atem an und atme schließlich sehr langsam links wieder aus. Wiederhole die Wechselatmung, so lange es sich gut anfühlt.

Das regelmäßige Praktizieren dieser kleinen einfachen Übung bringt großen Nutzen auf verschiedenen Ebenen des Lebens. Durch das verlangsamte Atmen und das Atemanhalten, kann der Energiekörper erheblich mehr Energie aufnehmen und diese harmonisch verteilen. Der Geist lässt sich leicht konzentrieren und genießt ein neues Gefühl von „Selbstbewusstsein". Dadurch wird er stabiler und befreit sich von der negativen Beeinflussung durch äußere Faktoren wie den Launen anderer Menschen, der Hektik einer Situation oder schlichtweg vom unpassenden Wetter. Das Geheimnis der Übung ist ununterbrochene Konzentration.

ZEIGE MIR, WIE DU ATMEST, UND ICH SAGE DIR, WAS DU DENKST

Sollte man ein Talent und ein wachsendes Interesse an den Atemtechniken des Yoga entwickeln, stehen dem Yogi mannigfache Atemübungen zur Verfügung, die in einer bestimmten Reihenfolge und unter einer meisterlichen Anleitung rasch kräftige Wirkungen auf Körper und Geist erzielen. Ich selber habe mein Faible für den kontrollierten oder bewegungslosen Atem im Himalaya entdeckt. Wo die Luft frisch, die

Atmosphäre rein und der Geist im Anblick der gigantischen Berge entspannt ist, dort, wo die Sinne kaum Aufregung finden, dort durfte ich dem eigenen Atem eine schöne lange Weile lauschen, siehe Kapitel 1. Der Atem ist das Tor zu einer subtileren Wahrnehmung Deiner selbst und verbindet Dich Direkt mit der Quelle aller Energie. In dieser Verbindung erkennst Du Deine Gedanken und die sich stetig verändernde Welt als ein- und dieselbe Energie. Dieses Prana, welches alles durchdringt, ist unzerstörbares lebendiges Licht. Alles ist Energie, doch die Stille ist DAS. „Tat Twam Asi – Du bist DAS."

TIPS FÜR EINE LEBENSBEJAHENDE ATMUNG:

1. Fühlt sich Dein Atem vom physischem Körper oft eingeengt oder unterdrückt? Wie ist es beim Sport? Es gibt Menschen, die bereits Schmerzen haben, wenn sie nur tief einatmen.
Sollte das der Fall sein, beginne am besten mit einer regelmäßigen leichten Yoga-Asana-Praxis, um die verkürzten Muskeln wieder auf Länge zu bringen. Falls die Yoga-Praxis die eine oder andere Blockierung und Verspannung nicht zu lösen vermag, empfehle ich den Besuch bei einem guten Physiotherapeuten. Dieser kann die Struktur des Körpers, sprich das Skelett, von Fehlstellungen innerhalb der Wirbelsäule sowie der Kreuzbein- oder Kopfgelenke befreien.

2. Zur Stärkung des gesamten Atemorgans oder bei einer bereits bestehenden Atemschwäche, werden vier besondere Heilpflanzen als großartige Naturarzneimittel empfohlen:

- **TULSI**, wird im Ayurveda zur Reinigung der Lunge eingesetzt. Das indische Basilikum gilt als heilige Pflanze und wächst in fast jedem indischen Tempel.

- **BALA**, ist ein weit verbreitetes ayurvedisches Kräuter-Tonikum, das das Herz- Kreislauf System genau so positiv beeinflusst wie das Atem- und Nervensystem.

- **ZITRONENSCHALE**, wird in der chinesischen Medizin dazu verwendet, die Lunge von überschüssigem Schleim zu befreien.

- **GINSENG**, gilt als Stärkungsmittel für die Lunge und die Nebennieren. Es kräftigt das Immunsystem und stärkt den Organismus im Ganzen.

3. Frauen mit einer angestrengten Atmung sollten bitte daran denken, den Eisenspiegel im Blutbild kontrollieren zu lassen, besonders dann, wenn sie viel schwarzen Tee oder Kaffee trinken.

4. Sollte der Atem aufgrund einer unangenehmen oder erschreckenden Lebenssituation außer Kontrolle geraten sein und den Geist mitreißen, versuche bitte folgende kleine Übung:

Zähle bei den nächsten fünf Atemzügen jede Ein- und jede Ausatmung langsam auf vier. Zähle aber rückwärts, was eine höhere Konzentration des Geistes verlangt: 4-3-2-1. Atem und Geist werden ruhig und entspannt.
Letztendlich stoßen wir mit unseren Atemübungen immer wieder verborgene Türen auf, die uns Schritt für Schritt unserem wahren Wesenskern näher bringen. Durch die Beherrschung des Atems erlangt der Übende schließlich „Siddhis", hochentwickelte geistige Fähigkeiten. Diese sind ihm Leitpfosten auf der Straße zur Befreiung. Als voll erblühter Yogi, seiner selbst in allem und jedem bewusst und frei von den Angriffen der Gegensatzpaare der Natur, erlebt der Wissende die Welt mit ihrem steten Wandel, als einheitliche Schöpfung. Sich selbst erkennt er als die eine Kraft, das eine Bewusstsein: unzerstörbar, unberührbar, unsterblich. Mögen wir die Übung von Yoga und Meditation nicht aufgeben. Egal, wo wir gerade stehen, es ist der richtige Moment, zu praktizieren. Der gleiche alte Geist lauert darauf, uns mit überholten Denkmustern zu belasten. Genau diese menschliche Geburt ist eine seltene Chance, der höchsten Realität ein paar Schritte näher zu kommen.
Hari OM Tat Sat

Kapitel 13

Swara-Yoga

DEN ATEM DEUTEN LERNEN

Mit dem Atem beginnt unser Leben außerhalb des Mutterleibes, und mit dem letzten Atemzug endet es hier auf der Erde. Doch wie viel wissen wir eigentlich über diesen Atem-Strom, der für uns Leben bedeutet? Swara Yoga ist eine spezielle Yogaform, die die Geheimnisse des Atems entschlüsselt, um die darin enthaltene Energie zu lenken und für sich zu nutzen.

Wir benutzen den Begriff Swara, wenn wir den Energiefluss in den Haupt-Energiebahnen Ida und Pingala beschreiben. Diese beiden Energiebahnen entspringen der Basis der Wirbelsäule, unserem untersten Chakra-Energiezentrum, dem Muladhara-Chakra. Die Energiebahnen Ida und Pingala liegen links und rechts der Wirbelsäule im Energiekörper. Ida endet im linken Nasenloch, Pingala im rechten. Der für jeden Menschen wahrnehmbare Effekt der Energiebewegung in diesen Bahnen ist letztlich der Atem, der aus den Nasenlöchern strömt. Ein subtiler Aspekt unseres Atems ist Prana oder die Lebensenergie. Sie versorgt energetisch den gesamten Körper und auch den Geist, sprich die Gedanken. Das Wissen über Swara ist heute sehr begrenzt und wird nur von wenigen Yogis in ihre Praxis einbezogen.

Dabei können wir durch dieses Wissen auf den Fluss der Energie über unsere Atmung gezielt Einfluss nehmen. Den meisten Menschen ist der Atemvorgang unbewusst, der Körper atmet einfach so vor sich hin. Im Swara Yoga legen wir eine verstärkte Aufmerksamkeit auf den Fluss der Energie und dies insbesondere über die Beobachtung unseres Atemflusses.

DER ATEMRHYTHMUS
Wenn wir uns die Zeit nehmen, den Atemfluss genauer zu beobachten, können wir feststellen, dass der Atem nicht durch beide Nasenlöcher gleich stark fließt. In den meisten Lebenssituationen hat der Körper eine Präferenz, durch welches Nasenloch er hauptsächlich atmet. Innerhalb eines Zeitraumes von 60 bis 80 Minuten wechselt diese Präferenz automatisch. Was bedeutet das für uns?
Physiologisch gesehen wird durch diesen Atemrhythmus eine ganz bestimmte Stimulans unseres Nervensystems ausgelöst. Darüber hinaus wird dadurch auch unser Gehirn in einer spezifischen Weise stimuliert. Viele psychologische und auch physiologische Prozesse werden auf dieser Ebene reguliert und gesteuert. Wenn wir einen unregelmäßigen Energiefluss durch die Nasenlöcher haben, ist dies ein Zeichen, dass etwas im Körper nicht richtig funktioniert.

Der Atemrhythmus lässt auch Rückschlüsse auf unseren energetischen Zustand zu. Ein Swara fließt durch das linke, ein Swara durch das rechte und ein drittes durch beide Nasenlöcher gleichzeitig. Dieser Atem-Fluss beeinflusst unser Nervensystem und unsere Energiezentren. Tatsächlich ist es kein Zufall, dass das Swara mal links, mal rechts und selten auch durch beide Nasenlöcher fließt. Der Rhythmus des Körpers korrespondiert mit den zwei Gehirnhälften.

Die drei Swaras hängen auch mit den drei Hauptsystemen des Menschen zusammen: Geist (chitta), Energie (Prana) und Seele (Atma). Der Geist kontrolliert die Sinneswahrnehmung, also Augen, Nase, Zunge, Ohren und Haut. Energie kontrolliert die fünf Handlungsorgane, das ist die Körperregion, die mit unserem sprachlichen Ausdruck zu tun hat, Hände, Füße, Fortpflanzungs- und Ausscheidungsorgane. Die Seele ist der allumfassende Zeuge oder Steuermann.

DAS SWARA STEUERN

Wenn nun Atem durch das linke Nasenloch fließt, ist die mentale Energie dominant, fließt er durch das rechte Nasenloch, liegt der Fokus auf den energetischen Kräften. Fließt Atem durch beide Nasenlöcher zusammen, ist die spirituelle Energie, die Kraft der Seele aktiv. Dies können wir manchmal in der Meditation, beim Yoga und zum Teil auch beim Sport beobachten.

Wie das Swara gerade fließt, wirkt sich auf der Handlungsebene sehr unterschiedlich, und oft auch störend, aus. Üben wir beispielsweise Yoga oder Meditation und Swara fließt dominant durch das rechte Nasenloch, sind im Körper die energetischen Kräfte vorherrschend, und wir haben eher eine Herausforderung mit unserer Körperhaltung, mit Schmerzen oder Ablenkung durch äußere Sinneswahrnehmungen. Der Körper kann ruhelos sein.

Fließt Swara durch das linke Nasenloch, durch Ida Nadi, ist die mentale Energie im Körper vorherrschend, und es kann sein, dass wir Schwierigkeiten durch geistige Aktivitäten haben. Gedanken, Sorgen und Probleme halten uns von der Versenkung ab. Der Geist ist ruhelos.

Fließt der Atem durch beide Nasenlöcher gleichzeitig, ist die spirituelle Energie aktiv und wir können mühelos in die Meditation gehen. Der Körper ist ruhig und der Geist fokussiert.

Swara Yoga hat nun zum Ziel, die Handlungen mit dem Fluss des Swaras zu harmonisieren. Einerseits können wir unsere Aktivitäten an den Fluss des Swaras anpassen, andererseits auch den Fluss des Swaras durch geeignete Techniken an die Handlung anpassen. Durch das Wechseln des Swaras, des Energieflusses in Ida und Pingala, kann zudem die Kundalini-Energie geweckt werden, und sie beginnt, von der Basis der Wirbelsäule her aufzusteigen. Dieser an sich einfache Mechanismus, nämlich eine Energieumkehrung, ist letztlich die Essenz des Hatha Yoga. Ha heißt auf Sanskrit Sonne, Tha bedeutet Mond. Mit Sonne ist Pingala Nadi, mit Tha ist Ida Nadi gemeint. Die beiden Energiebahnen kreuzen im Punkt zwischen den Augenbrauen. Hatha Yoga heißt demnach: Sonne und Mond zu verbinden oder die Gegensätze der Natur ineinander zu verschmelzen.

Ist Yoga Kunst – ist Kunst Yoga?

Jedes Jahr versuche ich mindestens ein kreatives künstlerisches Projekt zu manifestieren. In der Gegenüberstellung von Yoga und Kunst entdecke ich erstaunliche Gemeinsamkeiten.

Kapitel 14

YOGA ./. KUNST?!

Es ist herzerfrischend, wenn die Yogastunde bunt gemischt ist: dick, dünn, alt, und jung – alle üben wir gemeinsam. Es ist für mich der wichtigste Moment der Yogastunde, wenn sich der Teilnehmer das erste mal selber zulächelt. Der Körper hat seine Grenzen, und die findest Du beim Yoga genau im „Hier und Jetzt".

In der Yogapraxis geht es nicht darum, in einer fernen Zukunft gut zu werden. Es kommt vielmehr darauf an, Zufriedenheit und Glück in der Gegenwart zuzulassen. Diese Zufriedenheit stellt sich ein, wenn wir erleben, dass der Versuch 'perfekt' sein zu wollen, zum Scheitern verurteilt ist, und wir das Ergebnis unserer Übung loslassen. Wir versuchen die Yogaübungen wirklich so gut es geht auszuführen und doch stoßen wir jedes mal wieder frontal auf unsere körpereigenen Grenzen. Der Reiz des Yogas liegt darin, im Gegensatz zu vielen anderen Lebenssituationen, nicht perfekt sein zu müssen, zu wollen oder zu sollen. Sich vom Yoga das innere Lächeln der Unvollkommenheit auf die Lippen zaubern zu lassen, das ist für mich die Kunst im Yoga. In der Akzeptanz dieses Scheiterns eröffnet sich beim Yoga nach und nach der Blick aus einem stillen Aspekt unseres Wesens heraus, aus dem Teil unseres Selbst, der das Scheitern beobachtet, der uns zulächelt und der zu lange keine Beachtung fand; sein Name ist „Sakshi Bhav", der stille Beobachter.

IST YOGA KUNST?
Ich habe sehr reiche und gleichzeitig sehr unglückliche Menschen kennengelernt. Es geht im Leben nicht darum, dass man sich alles kaufen kann. Es geht darum, sich eine größere universelle Perspektive auf das Leben anzugewöhnen. Das ist der Weg der Yogis und der Künstler gleichermaßen. Viele Künstlertypen streben nicht primär nach monetärem Reichtum, sondern nach eben dieser neuen Perspektive. Sie suchen eine andere Blickweise auf das Leben, um sich seiner wahren Größe zu nähern. Doch häufig bleibt es bei dem vergeblichen Versuch. Sie wissen sogar, dass sie im nächsten Versuch, bei ihrem nächsten Kunstwerk, wahrscheinlich wieder scheitern werden. Doch der Mensch hat Kraft, eine Kraft Dranzubleiben, im Yoga ‚Rahane ki Shakti' genannt, die Durchhaltekraft. Langsam beginnen sie, dieses innere Lächeln der Unvollkommenheit zu spüren, das sich auf ihre Lippen zaubert und ... sie lassen los, beobachten und erschaffen ein Meisterwerk.

Tief einatmen und tief wieder aus. Genau hier liegt der Moment, in dem die Yogastunde ihre magische Kraft entfaltet. Die eigenen Grenzen zu erkennen und zu respektieren, sich in einer komplizierten Körper- oder Lebenssituation entspannen zu können und dabei ruhig und fokussiert zu bleiben, auch das ist für mich die „Kunst des Yogas". Das ist das Ziel der Yogastellung, aber vielleicht auch das Ziel eines Künstlers. Der Körper ist ein Gesamtkunstwerk, die Asana ästhetische Körperkunst par excellence, ... und lernt man im Schulterstand, in der Brücke oder im Baum vielleicht sogar einen wichtigen Aspekt der „Kunst des Lebens"?
Yoga zu leben bedeutet, tolerant anderen und sich selbst gegenüber zu sein. Es ist die Kunst, der feinen Linie aus Spannung und Entspannung zu folgen. Und diese Erkenntnis hilft uns, das Leben zu verbessern, zu erfrischen.

Eine Kurs-Teilnehmerin beschreibt es so:
"Nach jeder Yogastunde ging ich gut gelaunt nach Hause, erfrischt, aber nicht ausgepowert. Ich fühlte mich wie ein Mensch gewordenes Pfefferminzbonbon! Und ich wurde ruhiger, war netter zu meinem Mann, zu meinem Baby und verlor nicht wie sonst die Geduld, wenn jemand vor mir an der Supermarktkasse nach Kleingeld kramte. Diese Stimmung wollte ich mir erhalten, deshalb bin ich immer noch dabei. Höre ich mich fanatisch an? Egal, bei mir funktioniert es einfach."

IST KUNST YOGA?
Der Künstler erlebt die Diskrepanz zwischen Wunsch und Wirklichkeit. Er reibt sich an den Widerständen seines begrenzten Geistes und sucht doch emsig nach Antworten, nach Erkenntnis, nach Wahrheit und ... er scheitert. Er wird wahrscheinlich mit seinem Werk nicht vollständig zufrieden sein. So plustert er sein Ego auf, übt sich in Selbstdarstellung, in Glamour oder Sucht. Doch irgendwann erreicht ihn die Flamme der Erkenntnis, nicht gut und schon gar nicht perfekt sein zu müssen, und er sucht sein begrenztes Ego loszulassen. Seine neue Kunst heißt: sich ganz der Kunst hinzugeben, sich selbst vergessen und ein Kanal für die universelle kreative Kraft zu sein. Hier entstehen sie, die großartigen Kunstwerke immer währender Wahrheit.
"In allen spirituellen Traditionen ist Kunst in jeder Form des kreativen menschlichen Ausdrucks eng mit der geistigen Entfaltung des Menschen verbunden. (...) Die Gestaltung von Kunstwerken unterschiedlicher Ausdrucksformen wie Malerei, Bildhauerei, Musik usw. braucht natürlich dann den Menschen als offenen, unvoreingenommenen Empfänger. Alle Bilder können nur über die Aufmerksamkeit des Betrachters wirken,

und diese Wirkung wiederum findet ihren Ausdruck in den Gefühlen, indem nämlich der Mensch davon innerseelisch berührt wird", (Mystica Lexikon 2014). Selbst Wikipedia definiert Kunst wie folgt: "Das Wort Kunst bezeichnet im weitesten Sinne jede entwickelte Tätigkeit, die auf Wissen, Übung, Wahrnehmung, Vorstellung und Intuition gegründet ist."

SIVA UND SHAKTI SIND EINS

Der Künstler wird still, er wird Siva selbst, die reine statische Kraft des Bewusstseins. Aus diesem Bewusstsein heraus entsteht Shakti, die Kraft der Bewegung, die Göttin Ganga entspringt Sivas Kronenchakra. Der Künstler vertieft sich in seinem Schaffen und wird eins mit seinem Kunstwerk. Shakti erschafft das Kunstwerk, erschafft die Form, die Asana, die Musik, die Welt. Sarasvati, die Kreativität, dehnt sich aus und bleibt doch immer mit Siva, dem stillen Aspekt, verbunden. Shakti kann nun alle erdenklichen Formen annehmen: wunderschöne Farben, faszinierende Klänge, grandiose Figuren oder jedwedes Gefühl. Versenkt sich nun der Betrachter in solch ein Kunstwerk, kann auch er sich selbst als Bewegung, als Form oder Shakti erkennen und die Rück-Verbindung (Religion) mit Siva, dem reinen Bewusstsein, erleben. So ist seit Anbeginn der Menschheit jede Kultur darauf bedacht, ihre tiefen religiösen Erlebnisse in sakraler Kunst anzudeuten.

In einem Gespräch mit dem Musiker Al Gromer Khan erklärte mir der berühmte Künstler, dass: „ein kreatives Schaffen für ihn nur dann stattfindet, wenn sich all seine geistigen und körperlichen Bewegungen in einer Art 'Nullpunkt-Energie' vereinen und der schöpferische Prozess quasi eigenmächtig beginnt." Keine Shakti ohne Siva. Keine Energie ohne Bewusstsein. Kein Leben ohne den stillen Aspekt im Inneren.

Das Erkennen des inneren Selbst ist das Ziel des Yoga. Es entsteht in einer rezeptiven Haltung höchster Aufmerksamkeit bei maximaler Entspannung. Jeder Künstler kennt dieses Gefühl, wach, frei und im „Einssein" zu entspannen. Das Ziel von Yoga ist gleich dem Ziel der Kunst: Einssein mit der Quelle der Kraft.

Heute ist mein Yogatag

Zum Abschluss des ersten Teils dieses Buches möchte ich Dich, quasi live, in eine schöne langsame Yoga-und „self-care"-Praxis mitnehmen, die ich mir, wenn auch selten so umfänglich wie hier, immer wieder versuche, von Zeit zu Zeit zu gönnen. Hier hatte ich einen halben Sonntag dafür Zeit. Aber auch in kleinere Zeitfenster lassen sich schöne „self-care" Elemente geschmeidig einpflegen und genießen.

Kapitel 15

EIN ERFAHRUNGSBERICHT

Ab und an nehme ich mir einmal einen Tag frei. Gestern bin ich mit leerem Magen früh zu Bett gegangen, um heute eine schöne lange Yogapraxis wahr werden zu lassen. Mein Plan: Einen halben Tag schweigen und länger als sonst meditieren. An diesem noch unschuldigen Tag, dessen erste feine Lichtschleier meine Stirn erreichen, möchte ich gut und großzügig zu mir und meinem Körper sein, meine Vitalität und das klare Bewusstsein fördern.

Es ist fünf Uhr morgens. Ich werfe mir dreimal Wasser ins Gesicht „OM Gam Ganapathaye Namaha, OM Gum Gurubhyo Namaha, OM Aim Saraswatyai Svaha", schüttele mein Meditationskissen auf und setze mich sorgfältig darauf; das Gesicht gen Osten. Es ist „Brahmamuhurtha", die Dämmerung, die stillste Stunde des Tages.

„In den frühen Morgenstunden meditiere ich über das, was im Herzen als das Selbst leuchtet, über jene Wahrheit, die das Ziel aller großen Weisen ist. Ich bin nicht die Anhäufung der Elemente."

SRI SHANKARACHARYA

MEDITATION

Im festen Sitz, den Atem in Langsamkeit vergessend, empfange ich das erste Licht von innen und außen. Ich visualisiere eine Flamme an einem windstillen Ort und erlaube meinem Geist, in die Absichtslosigkeit des Nichtstuns einzutauchen. Mein Rücken streckt sich von innen heraus in eine starke aufrechte Bahn. Muster, Bilder und Erinnerungen ziehen auf der Leinwand meines Geistes vorüber, hinterlassen aber glücklicherweise kaum Spuren. Einen Moment lang herrscht Stille. Die Worte meines Yoga-Meisters erklingen mir wie in einem Traum: „Nothing can touch you." Wieder Stille. Vogelgezwitscher. Stille. Mein Meditationsmantra beginnt in mir zu schwingen. Einst hatte meine spirituelle Lehrerin es mir, unsere beiden Köpfe unter einem Tischtuch verborgen, in einer kleinen feierlichen Zeremonie weitergereicht. Für einen Augenblick sind die heiligen Silben das Einzige, woran sich mein Geist festhalten möchte. Zeit und Raum gehen irgendwann einfach vergessen, lassen von mir ab. Die Stille wird tiefer und tiefer; Frieden im Herzen, Meditation.

„In den frühen Morgenstunden singe ich das Loblied dessen, das für Verstand und Worte unerreichbar ist. Das, was die Schriften mit den Worten ,nicht dies, nicht das' bezeichnen, ist ungeboren und unveränderlich."

SRI SHANKARACHARYA

YOGAPRAXIS LIVE

Doch plötzlich ist alles wieder da, die Luft in meinen Lungen, das Gewicht meines Körpers auf dem Kissen, das jetzt schon helle Licht des Tages und die laut miteinander singenden und plappernden Vögel. Ich atme tief ein. Mein Hals erscheint mir viel länger, mein Kopf viel größer, als ich es gewohnt bin. Dann rolle ich von meinem Kissen auf die Yogamatte. Langsam strecke ich die schmerzenden Knie und dehne vorsichtig meine Beine. Danach bewege ich meinen Körper so, wie er es gerade verlangt. Ich atme und erinnere mich aus dem Nichts heraus an eine so lustige Begebenheit an einem der letzten Tage, dass ich erst grinsen, dann kichern muss.

Der Kopfstand fällt mir danach leicht. Es tut gut, die Beine in die Luft zu strecken. Ich fokussiere mich auf das Kronenchakra, auf ein rosa Licht und das Mantra „Soham". Ich komme schön in die Asana-Energie. Im Schulterstand übe ich bewusst das „Mula Bandha", den Apana-Energie-Verschluss, vom Beckenboden ausgehend. „Jalandhara Bandha", der Prana-Energie-Kinnverschluss, wird im Schulterstand von der Asana selbst erzeugt. Die langsame und subtile Atmung ist der Anker, den mein Geist braucht, um im jetzigen Moment weiterhin still zu bleiben. Die nächste Übung, der Pflug, der in der Farbe Blau auf das Vishuddha Kehlchakra wirkt, gelingt mir schlecht, wie immer am Morgen. Ich erinnere mich der Unbegrenztheit meines Seins und der Begrenztheit meines Körpers und übe mich in Akzeptanz. Die Fisch-Stellung mit einem hellen strahlenden

Grün im Herzchakra könnte ich dagegen für alle Ewigkeit halten, so gut und wohltuend erscheint sie mir heute. Der Geist greift sich das energetische Muster der Asana, die Stellung der Chakras zueinander und die Druckpunkte auf den Nadis, den Meridianen. Auch in die Vorwärtsbeuge und ihrem roten feurigen Licht im Sonnengeflecht kann ich wunderbar eintauchen, Ram Ram Ram. Drehsitz und Dreieck ziehen, ja bitten förmlich, die vitalen Kräfte meiner Energiehülle, durch das ganze System und durch die befreiten Chakras von unten her dem Kopf entgegenzuströmen. Ich schlüpfe in die Rolle des Beobachters, „Sakshi Bhav", und lasse meinen Körper so lange in den Yoga-Übungen anspannen und entspannen, wie er möchte. „Nothing can touch you"; Thank you Swamiji.

> *„Gesundheit ist Reichtum – Geistiger Frieden ist Glück – Yoga zeigt den Weg."*
> **SWAMI VISHNUDEVANANDA**

ATEMÜBUNGEN UND YOGA NIDRA

Dann setze ich mich wieder auf mein Kissen, die Sonnenstrahlen kitzeln mir die Nase. Auch meine geliebte Übung der Wechselatmung darf sich heute so oft wiederholen, wie sie und ich mögen. Linkes Nasenloch ein, Bandhas setzen, Atem halten und entspannen. Kein Zählen, keine Zeit, kein Mantra, hier hat mein Geist Sendepause. Nichts, was er tun, nichts, was er denken müsste. Rechts fein und lange ausatmen, in subtiler Langsamkeit die Lungen so vollständig leeren als möglich. Rechts gefühlvoll Energie schöpfen und so weiter. Im darauf folgenden „Bastrika Pranayama", der heftigen „Blasebalg-Atmung" und dem langen Atemanhalten, erklärt sich mit steigender Vitalität „Bewusstsein" ein Stück weit selbst.

Für „Yoga Nidra", den „Schlaf der Yogis" strecke ich erst meine Beine und dann mich selbst aus und decke mich großzügig und warm zu. Ich schicke eine Welle der Entspannung durch meinen Körper, löse Spannungen, wo immer ich sie finde und lasse mich in die Tiefe des Augenblicks los.

KÜCHE UND BAD

Irgendwann lande ich wieder in meinem Körper. Ohne auf die Uhr schauen zu müssen, gehe ich in die Küche und stelle einen Topf mit gefiltertem Wasser auf den Herd. Das Wasser kann 20 Minuten kochen und dadurch die Fähigkeit erhalten, Ama, die Schlackenstoffe, aus dem Körper zu lösen und abzutransportieren. Während das Wasser köchelt, singe ich die „Shanti Mantras" und ein Kirtan-Lied am Harmonium; das tut gut. Schließlich danke ich dem Himmel für die wohltuende Morgenpraxis und wünsche allen Wesen, die das in ihrem Leben gerade vermissen, Liebe und Heilung.

Dann Zähneputzen, Nasendusche, Zungekratzen, Einölen, das volle Programm im Bad. Ich trinke ein großes Glas des abgekochten warmen Wassers und schlage dazu ein Kapitel der „Baghavad Gita", der klassischen Yoga-Schrift, auf. Ich versuche sogar, mir den Inhalt des Kapitels zu merken.

Dann drücke ich zwei Zitronen und ein Stückchen Ingwer aus und trinke beides mit dem abgekochtem Wasser. Ich häute das Dutzend Mandeln, das ich gestern eingeweicht habe und mahle sie mit Wasser, Kardamom und Pfeffer zu einer feinen selbst gemachten Mandelmilch. Mit fast zen-buddhistischer Achtsamkeit schnippele ich mir einen kleinen Obstsalat. Nun plane ich den weiteren Tag, wobei ich darauf achte, eine kleine Gelegenheit für etwas mehr Meditation und Yoga am Abend anzudenken. Außerdem schreibe ich heute endlich wieder ein paar Zeilen in mein Gedankenbuch und finde schöne Affirmationen für den Tag: „Liebe und Leichtigkeit, Lachen und Licht" und „Die Welt ist ein Traum, hänge Dein Herz nicht an Dinge". Zusätzlich schreibe ich seit langem einmal wieder eine Seite „Likhitha Japa". Das ist das Schreiben eines Mantras mit voller Aufmerksamkeit und Hingabe in ein spezielles Heft. Später werde ich versuchen, den Tag als Karma Yoga zu betrachten und unverhaftet zu erkennen, was das „allgemeine Wohlbefinden" meiner Umgebung verbessern könnte. Zum Abend überlege ich, falls ich dafür Zeit und Lust habe, mir ein basisches Wannenbad und eine „Selbst-Marmapunkt-Massage" auf den vitalen Akupressurpunkten des Körpers angedeihen zu lassen.

Zwar ändert die eigene spirituelle Praxis nichts an der letztendlichen Wahrheit, die hinter allen Dingen liegt, doch werden wir uns ohne eine persönliche Yogapraxis dieser Wahrheit wohl langsamer nähern.

Sterben –
Loslassen –
Ankommen

Als eine langjährige Yoga-Teilnehmerin überraschend verstarb, griff ich das Thema „Sterben" wieder auf. Mit dem „Tibetischen Totenbuch" und der jüngeren Sterbeforschung hatte ich mich bereits einige Jahre zuvor intensiv beschäftigt. Nun wollte ich das Thema in einem nicht zu langen, aber doch umfassenden Text beschreiben. Ich verteile den Text immer wieder gerne an unsere Praxis-Patienten und Yoga-Teilnehmer. Denn schließlich ist der Moment des Sterbens der wohl einzige, der uns alle gleichermaßen irgendwann erwartet.

Kapitel 16

Was die Raupe das Ende nennt, nennt der Rest der Welt „Schmetterling"

(RILKE) FÜR AMRITAJI

„STERBEN IST FÜR MICH NICHTS NEUES"

sagte unser Yoga-Meister Swami Vishnudevananda. Er war bekannt für seine riskanten „Friedens-Flüge", die er mit einer kleinen Propeller-maschine über Kriegsgebieten wie dem Suezkanal oder über Belfast durchführte. Auch überquerte Swami Vishnu mit einem Ultraleicht-Flugzeug die Berliner Mauer in Richtung Osten. Auf die Frage eines Journalisten, ob er denn bei diesen lebensgefährlichen Aktionen keine Angst hätte zu sterben, antwortete der Yogi: „Ich habe keine Angst vor dem Tod. Sterben ist für mich nichts Neues. Es ist für mich so bekannt, wie wenn ich von diesem Zimmer in jenes Zimmer gehe."

Woody Allen hat das Problem bereits ebenfalls gelöst: „Unsterblich werden – und dann sterben", lautete sein Rezept, welches für Filmstars ebenso wie für Erleuchtete zu gelten scheint.

WIESO IST STERBEN TABU?

Es ist schon merkwürdig, dass das Thema „Sterben" häufig so ängstlich aus unserem Alltag ausgeklammert wird, obwohl es vielleicht die einzige Konstante ist, die jedes Lebewesen des Planeten früher oder später erleben wird. Geburt, Tod und „der Lauf des Lebens" gehören nun mal untrennbar zusammen. Die Ungewissheit über unseren eigenen Tod kombiniert sich unglücklicherweise mit der absoluten Gewissheit, dass auch wir eines Tages in das unbekannte Land eintauchen werden. Wird es schwarz um uns herum werden, hören wir einfach auf zu existieren, werden wir Schmerzen erleben müssen oder gibt es doch vielleicht das sagenumwobene „Leben nach dem Tod"?

Und will man das überhaupt? Himmel oder Hölle, das letzte Gericht. Viele menschengemachte Glaubenssätze und Ängste wurden hier über Jahrhunderte, zum Beispiel von der christlichen Kirche, geschürt. Einige Wissenschaftler rationalisieren das Thema und behaupten, das Bewusstsein sei ein Produkt des Gehirns, welches im Tod zu Nichts zerfällt.

Die Erforschung und Systematisierung der „Nahtoderfahrungen" belegen jedoch in eindeutiger Weise, dass unser Bewusstsein den Tod überlebt und in seiner Individualität fortbesteht. Dabei ist das Bedeutsame an den „Nahtoderfahrungen", dass sich wiederkehrende Elemente ausmachen lassen, die uns den Übergang von dieser in die andere Welt ermöglichen. Unterschiedlichste Untersuchungen knüpften an diese Beobachtung an. Es entstand eine empirische, weltweite und interkulturelle Sterbeforschung, in deren Rahmen das interessante Thema „Sterben" wissenschaftlich in einer solchen Tiefe erforscht wird, wie es den „Lebenden" eben möglich ist; und das nicht erst seit ein paar Jahren.

DAS TIBETISCHE TOTENBUCH

ist eine buddhistische Schrift aus dem 8. Jahrhundert, die im 14. Jahrhundert in einer Höhle entdeckt wurde und auf den Begründer des tibetischen Buddhismus, Padmasambhava, zurückgeht. Das Totenbuch ist eine Schrift, die detailliert auf die Erlebnisse der menschlichen Seele beim Sterben, im Nach-Tod-Zustand und bei der Wiedergeburt eingeht. Sie soll Sterbenden als Führer durch die Zeit der Existenz zwischen Tod und Wiedergeburt dienen. Vor mehr als achtzig Jahren sorgte die erste englische Ausgabe des „tibetanischen Totenbuchs" weltweit für Aufsehen. In alternativen Kreisen wurde die Anleitung zur Sterbevorbereitung und zur Begleitung eines Sterbenden durch die diversen Zwischenstadien des Todes bald zur Standardliteratur. Hippies stellten ihre Ausgabe der buddhistischen Sterbeanleitung im Bücherregal neben Hermann Hesses „Siddharta" und die Werke von Carlos Castaneda. Das Werk, das als einziger Bestseller von tibetischer Hand gilt, wird auch heute noch in der Sterbeforschung und Begleitung genutzt.
Der tibetische Mönch Labhdo sagt dazu:
„Es ist ein gutes Buch, nicht zuletzt, weil es die Erscheinungen, die im Sterben vorkommen, sehr anschaulich beschreibt. Es stellt eine Art Brückenschlag zwischen ‚Früher und Später' dar."

LEBEN NACH DEM LEBEN

Heute aber möchte ich auf eine weit modernere Sterbe-Forschung eingehen. Auch wenn die Schrift „Life after Life" von Dr. Raymond Moody ebenfalls schon gut 40 Jahre alt ist, ist sie in ihrer Klarheit, Nachvollziehbarkeit und Authentizität frisch und aktuell. Die Menschheit erforscht alles. Wieso sollte sie also das Thema „Tod und Sterben" ausklammern? Auch in den Jahren nach Dr. Moodys bedeutenden Untersuchungen wurde fleißig weiter geforscht. Der Prozess des Todes ist in der heutigen Zeit dem Menschen so bekannt wie niemals zuvor. Nur werden, aus welchen Gründen auch immer, die Erkenntnisse der „Sterbeforschung" nicht adäquat der Bevölkerung übermittelt. „Tod und Sterben" bleiben weiterhin Tabuthema Nummer Eins.

Das „in den Tod gehen" ereignet sich zu dem Zeitpunkt, wenn ein Mensch durch einen Unfall oder Herzstillstand klinisch tot ist. Das Gehirn des Menschen weist keinerlei Aktivität und keinerlei Gehirnströme mehr auf. Die Pupillen weiten sich, der Körper wird kalt. In den letzten Jahrzehnten wurden jedoch die Möglichkeiten der Wiederbelebung, der Reanimation, extrem verbessert, sodass heute immer mehr Menschen aus dem Bereich des Todes ins Leben zurückgeholt werden können. In Deutschland allein leben momentan circa vier Millionen Menschen, die von ihrem eigenen Sterben berichten können. Dr. Raymond Moody, Arzt und Psychologe, dokumentierte in den 70er Jahren über 150 Fälle, in denen Menschen, die im Sterbeprozess bereits ihren Körper weit verlassen hatten, durch die Reanimation zum Beispiel mittels Adrenalinspritze in den Herzmuskel und/oder Einsatz des Defibrillators, in ihren Körper zurückgeholt wurden.

Dr. Moody selber war noch nie dem Tod nahe und hatte keine tiefergehenden Kenntnisse von entsprechender Literatur. Außerdem war er als Arzt und Wissenschaftler in keiner Weise esoterisch interessiert. Eines Tages hörte Dr. Moody von einem seiner Psychologie-Professoren, von dessen großer menschlichen Wärme und Heiterkeit er beeindruckt war, von dessen Todeserfahrung. Der Professor war nicht nur einmal gestorben, sondern gleich zweimal im Abstand von zehn Minuten und berichtete einem kleinen Kreis Studenten von den wundersamen Erlebnissen, die er dabei durchwandern durfte. Einige Zeit später kam ein Student mit Dr. Moody selber ins Gespräch, der ihm von dem Tod seiner Großmutter berichtete, die während einer Operation verstarb und reanimiert wurde. Mr. Moody stellte überrascht fest, dass die einzelnen Elemente des Sterbeprozesses sowie deren Reihenfolge mit den Schilderungen seines ehemaligen Professors übereinstimmten.
Er beschloss, sich mit dem Thema „Weiterleben nach dem Tod" intensiver auseinanderzusetzten. Bald schon hielt Dr. Moody Vorträge zu dem Thema und verhielt sich hier bewusst abwartend. Nach fast jeder Vorlesung zu dem Thema kam eine der Zuhörerinnen oder der Zuhörer auf Mr. Moody zu und berichtete von einer eigenen Todeserfahrung oder dem Bericht einer Sterbeerfahrung, die demjenigen zu Ohren gekommen war. So sammelten sich die Berichte und Schilderungen, und Dr. Moody begann, diese Menschen strukturiert und schematisiert nach ihren

Erlebnissen zu befragen. Die größte und wichtigste Überraschung ist die Übereinstimmung und gleiche Abfolge der allermeisten Elemente der Sterbeerfahrung bei allen Gestorbenen und Reanimierten; egal welchen Alters, welcher Sozialisation, welchen Glaubens oder welcher Kultur.

HIER MÖCHTE ICH DIESE BERICHTE ZUSAMMENFASSEN:

Zwölf Elemente des Sterbeprozesses haben sich bei den 150 Befragten beständig wiederholt. Nicht alle Gestorbenen haben stets alle zwölf Elemente erlebt, jedoch immer zwischen neun und zwölf der beschriebenen Elemente.

Aus diesen 150 Schilderungen der Sterbeerfahrung möchte ich zitieren und berichten.

1. UNBESCHREIBBARKEIT

Dass wir Sprache verstehen, beruht auf dem Vorhandensein einer gemeinsamen, für uns alle weitgehend übereinstimmenden Erfahrungswelt. Die Erfahrungen derjenigen, die dem Tod begegnet sind, fallen jedoch aus unserer gemeinschaftlichen Erfahrungswelt heraus, sodass das sprachliche Formulieren dieses Erlebnisses auf Schwierigkeiten stößt. Alle 150 Befragten bezeichnen ihr Erlebnis einhellig als unsagbar und unbeschreiblich. Viele haben dem Sinne nach bemerkt: „Die Wörter, um das auszudrücken, was ich zu sagen versuche, gibt es einfach nicht. Die Eigenschaftswörter und Steigerungsformen müsste man erst noch erfinden."

Eine Teilnehmerin der Studie hat es wie folgt ausgedrückt: „Also, wenn ich versuche, Ihnen vom Sterben zu erzählen, stehe ich vor einem richtigen Problem. Alle Worte, die ich kenne, beziehen sich auf den dreidimensionalen Bereich. Natürlich ist unsere Welt, in der wir hier leben, dreidimensional, aber die folgende Welt ist es mit Sicherheit nicht. Deshalb fällt es mir eben so unsagbar schwer, Ihnen davon erzählen zu wollen. Ich müsste es in den Begriffen von Raum und Zeit erklären, und damit ist es nicht das Richtige. Ich bin tatsächlich außerstande, Ihnen ein vollständiges Bild zu vermitteln."

2. DAS HÖREN DER TODESNACHRICHT

Zahlreiche Teilnehmer der Befragung haben davon berichtet, dass sie gehört hätten, wie ein Arzt oder ein Anwesender sie für tot erklärte. Zum Beispiel hörte ein junger Mann nach seinem Autounfall eine Frau fragen: „Ist er tot?" Jemand anderes sagte: „Ich glaube ja." Eine Frau, die selbst nach den ersten Reanimations-Versuchen tot im Krankenhaus war, erzählte später, sie hatte gehört, dass der behandelnde Arzt sagte:

„Ihre Pupillen haben sich geweitet, wir haben keine Gehirnströme mehr, es ist so weit, wir haben sie verloren." Ein anderer Anwesender sagte daraufhin: „Machen wir noch einen Versuch, bevor wir's aufgeben." Die Frau konnte dann doch noch überraschend reanimiert werden.

3. GEFÜHLE VON FRIEDEN UND RUHE

Aus den Anfangsstadien ihrer Sterbe-Erlebnisse schildern viele Menschen außerordentlich angenehme Gefühle und Sinneswahrnehmungen. Mit den Worten eines Mannes ausgedrückt, bei dem nach einer schweren Kopfverletzung keinerlei Lebenszeichen mehr erkennbar waren: „Im Augenblick, als das Ganze passierte, durchfuhr mich ein Schmerz, der dann aber gänzlich verschwand. Ich hatte das Gefühl, zu schweben. Es war ein kalter Tag, aber ich verspürte plötzlich nichts als Wärme und das höchste Wohlbehagen, das ich je erlebt habe. Ich habe gedacht: „Ich muss tot sein". Eine Frau, die bei einem Herzanfall starb, berichtete: „Auf einmal erfüllten mich die denkbar wohltuendsten Gefühle; alle meine Schmerzen waren von mir genommen".

4. DAS GERÄUSCH

In vielen der dokumentierten Fällen wird von einem Geräusch oder von sonderbaren akustischen Eindrücken berichtet, die während des Sterbens oder kurz davor auftreten. Diese variieren von ziemlich unangenehm bis erfreulich oder sogar höchst musikalisch. Ein Mann, der während einer Unterleibsoperation einige Minuten tot war, sprach von einem Geräusch, einem Dröhnen und Brausen, was er in seinem Leben nie wird vergessen können.

Andere schilderten das Geräusch als: Knacken, Klingeln oder wie ein vom Wind kommendes Pfeifen. Eine junge Frau beschrieb es als eine: „majestätische, wirklich wunderschöne Musik."

5. DER DUNKLE TUNNEL

Gleichzeitig mit dem Auftreten des Geräuschs haben die Sterbenden oftmals das Gefühl, sehr rasch durch einen „dunklen Raum" gezogen zu werden. Zur Beschreibung dieses Raums werden viele verschiedene Begriffe verwendet: Tunnel, Trichter, Rohr, Tal, Zylinder, Schacht, Höhle oder Leere.

Ein Mann berichtet von seinem Sterbeerlebnis, das er im Alter von neun Jahren hatte: „Also das erste, was geschah – ich beschreibe das jetzt genauso, wie ich es damals empfunden habe war, dass ich ein deutliches Tönen hörte: brrrrnnng- brrrrnnng- brrrrnnng, immer im gleichen Rhythmus.

Dann bewegte ich mich durch einen langen dunklen Gang, ein Rohr oder was immer das war. Ich vibrierte die ganze Zeit im Rhythmus des Geräusches."

Ein anderer Berichterstatter erklärt: „Bei mir stellte sich eine heftige allergische Reaktion auf ein Betäubungsmittel ein, ich hatte einen Atemstillstand. Mit dem Kopf voran trat ich in einen dunklen Durchgang ein, in den ich offenbar haargenau hineinpasste. Man könnte es wohl mit einem Tunnel vergleichen. Ich fegte mit enormer Geschwindigkeit durch diesen Tunnel. Es fühlte sich an wie Achterbahnfahren. Es war ein Gefühl von vollkommenem Frieden und frei von Furcht."

6. DAS VERLASSEN DES KÖRPERS

„Bei meinem Schwimmunfall trudelte ich plötzlich immer wieder auf und nieder. Ich hatte das Gefühl, als ob ich mich in einiger Entfernung zu meinem Körper befand. Ich sah meinen Körper neben mir im Wasser taumeln. Ich sah ihn von hinten, ein bisschen von rechts. Ich hatte den Eindruck, eine komplette Gestalt zu besitzen, obwohl ich mich außerhalb meines Körpers befand. Ein Gefühl der Leichtigkeit erfüllte mich; ich kam mir vor wie eine Feder."

Eine andere Dame berichtet von ihrer Sterbeerfahrung im Krankenhaus: ‚Herzstillstand', hörte ich die Schwester rufen. Ich fühlte, wie ich aus meinem Köper austrat und langsam bis zum Boden floss. Von da an stieg ich ganz langsam in die Höhe. Während des Emporsteigens sah ich immer mehr Schwestern und den Arzt in das Zimmer gelaufen kommen. Ich wurde immer weiter hinaufgetrieben, an der Lampe vorbei – ich sah sie ganz deutlich von der Seite, bis ich unter der Decke zum Stillstand kam. Von dort oben blickte ich hinunter. Fast kam ich mir vor wie ein Stück Papier, das bis zur Decke hochgeblasen wurde."

Bis auf einige Fälle, in denen die Befragten angaben, nach dem Sterben zu körperlosem „reinen" Bewusstsein geworden zu sein, beschreibt die überwiegende Mehrzahl der Zeugen, dass sie sich nach der Loslösung von ihrem physischen Körper in einem anderen Körper wiedergefunden hätten. Dieser „andere" Leib gehört zu den zwei oder drei Aspekten der Todeserfahrung, bei der sich die Unangemessenheit der menschlichen Sprache am hinderlichsten auswirkt. Fast für jeden, der von diesem „Leib" erzählen wollte, kam früher oder später der Punkt, an dem er resignierend feststellen musste: „Ich kann ihn einfach nicht beschreiben" oder mit einer ähnlichen Bemerkung aufgab.

Nichtsdestoweniger besteht zwischen den vorliegenden Aussagen über diesen „Lichtkörper" weitgehend Übereinstimmung. Der, ich nenne ihn mal,

„spirituelle Leib" ähnelt dem physischen Leib; er wird als realer „Körper" wahrgenommen, mit Gliedmaßen und Form. Manche beschreiben ihn als Kraftfeld oder als Farbwolke. Die Angaben besagen übereinstimmend, dass der spirituelle Leib eine Gestalt beziehungsweise erkennbare Umrisse besitzt, und dass man in diesem Leib ungehindert sehen und hören kann. Jedoch können ihn andere Menschen weder sehen noch hören. „Die Ärzte und Schwestern trommelten auf meinem Körper, um die Infusionen zu unterstützen und mich zurückzuholen. Ich versuchte ihnen beständig zu sagen: „Lasst mich in Ruhe. Ich möchte nur meine Ruhe, hört endlich auf, auf mir herumzutrommeln." Aber sie hörten mich nicht. Deswegen versuchte ich ihre Hände wegzuschieben, damit sie meinen Körper in Ruhe ließen, doch nichts geschah. Meine Hände drückten durch ihre hindurch, und sie spürten mich nicht."

Ein anderer Mann beschreibt: „Was hier unmöglich scheint, ist es dort nicht. Das Denken ist dort von wunderbarer Klarheit. Mein Verstand registriert einfach alles und verarbeitet das Aufgenommene sogleich, ohne sich ein weiteres Mal damit beschäftigen zu müssen. Nach einiger Zeit kam es so weit, dass alles, was ich erlebte, mir in irgendeiner Weise etwas bedeutete."

Die Sterbenden berichten häufig von einem Moment der Einsamkeit mit der Todeserfahrung: „Ich war auf das Äußerste verblüfft. Ich konnte es einfach nicht fassen, dass es jetzt so weit war. Meine Erfahrung zu sterben und alles, was damit zusammenhing, war wunderschön, aber doch unbeschreiblich. Ich hatte das Gefühl, dass ich niemandem je mitteilen könnte, was ich gesehen und erlebt hatte. Da kam ich mir einsam vor, fast so, als wäre ich ein Besucher aus einer anderen Welt."

Sowie der Sterbende tiefer in die neue Erfahrung eindringt, werden die Einsamkeitsgefühle jedoch bald zerstreut. Andere Wesen gesellen sich zu ihm, um ihm den bevorstehenden Übergang zu erleichtern. Diese treten ebenfalls in Form von Lichtwesen auf. Oftmals sind es bereits verstorbene Verwandte oder Freunde, die der Sterbende zu seinen Lebzeiten gekannt hat. In der Mehrzahl der ausgewerteten Fälle erscheint zusätzlich ein spirituelles Wesen gänzlich anderer Art.

7. BEGEGNUNG MIT ANDEREN

In großer Zahl berichten die Befragten, dass sie irgendwann im Prozess des Sterbens, manchmal früher manchmal etwas später, die Gegenwart anderer spiritueller Wesen in ihrer Nähe wahrgenommen hätten. Diese Wesen seien gekommen, um den Übergang in den Tod zu erleichtern. In zwei Fällen wurde berichtet, diese Wesen wären gekommen, um anzukündigen, dass der Moment des Sterbens für denjenigen noch nicht gekommen sei.

„Als ich hinüberglitt, bemerkte ich auf einmal auch Menschen, die in hellen Scharen, wie mir schien, überall an der Zimmerdecke entlangschwebten. Ich kannte diese Menschen; sie waren vor mir gestorben. Ich sah wohl hauptsächlich ihre Gesichter und spürte ihre Gegenwart. Sie machten einen fröhlichen Eindruck. Ich hatte das Gefühl, dass sie gekommen waren, um mich zu schützen und zu führen. Es war ein wunderbarer herzerfreuender Augenblick."

„Ich sprach immer wieder einmal mit einem von ihnen. Und jedes Mal, wenn ich fragte, was hier eigentlich vorgehe, sandte mir einer von ihnen getreulich einen Antwortgedanken zurück: Es sei in Ordnung, ich stürbe, es würde mir jedoch gutgehen." Auf jede Frage, die ich stellte, bekam ich ausnahmslos eine Antwort. Sie ließen mich nie im Unklaren."

8. DAS LICHTWESEN

Ein höchst erstaunliches Element ist eines, welches regelmäßig in den Berichten auftaucht: die Begegnung mit einem sehr hellen Lichtwesen. Ungeachtet seiner ungewöhnlichen Erscheinungsform hat keiner der Beteiligten auch nur den leisesten Zweifel daran geäußert, dass dieses Licht ein lebendes Wesen sei. Nicht nur das, es hat sogar einen persönlichen Charakter. Unbeschreibbare Liebe und Wärme strömen dem Sterbenden von diesem Wesen aus zu. Er fühlt sich davon umschlossen und ganz darin aufgenommen. In der Gegenwart dieses Wesens empfindet er vollkommene Bejahung und Geborgenheit. Ohne die geringsten Abweichungen wird das Lichtwesen stets in der oben beschriebenen Weise erklärt.

Kurz nach seinem Erscheinen beginnt das Wesen, mit dem Sterbenden Verbindung aufzunehmen. Die Verständigung läuft dabei durch das Direkte Auffangen der Gedanken. Es heißt dabei, dass bei dieser Gedankenübertragung solch eine Klarheit herrscht, das sowohl Missverständnisse wie auch Lügen dem Lichtwesen gegenüber von vornherein ausgeschlossen sind. Fast unverzüglich richtet das Wesen einen bestimmten Gedanken an den Menschen, in dessen Dasein es so unvermittelt eingetreten ist.

Hier sind einige Beispiele: „Ich war aufgestanden und durch die Diele gegangen. Dabei muss dann mein entzündeter Blinddarm geplatzt sein, wie man später feststellte. Ich fiel zu Boden. Ich wusste, dass ich starb, und dass es nichts gab, was ich dagegen hätte tun können. Da überkam mich auf einmal das Gefühl zu schweben. Ich bewegte mich aus meinem Körper hinaus. Ich schwebte die Diele hinunter und durch die geschlossene Tür auf die Veranda. Da schien mir, als ob sich ein Wölkchen, beziehungsweise ein rötlicher Nebel, um mich bildete und mich mit nach oben nahm. Es erschien dieses reine kristallklare Licht, ein leuchtend weißes Licht. Es war wunderschön und strahlend-hell; aber es tat nicht in den Augen weh. So ein Licht kann man hier auf Erden überhaupt nicht beschreiben. Dieses Licht hatte unzweifelhaft eine persönliche Individualität. Es war ein Lichtwesen höchsten Verstehens und vollkommener Liebe."

„Als das Lichtwesen erschien, wusste ich zunächst nicht, was vorging. Aber dann fragte es mich etwas. Es war wahrhaftig das Licht, das zu mir sprach; und zwar mit einer Stimme. Die Liebe, die das Lichtwesen ausstrahlte, ist unvorstellbar. Es war ein Vergnügen, sich in seiner Nähe aufzuhalten; und es war sogar humorvoll auf seine Art, ganz gewiss."

Alle Beteiligten der Befragungen zu ihrem Sterbeprozess sind sich darin einig, dass das Lichtwesen sie im Grunde zu Beginn der Kommunikation sinngemäß zwei Dinge fragte: „Bist du darauf vorbereitet zu sterben, oder bist du bereit zu gehen?" und „Was hast du in deinem Leben getan, das du mir jetzt zeigen möchtest? Hast du in deinem Leben etwas erreicht, was Bestand hat?"

Außerdem bemerkten die Gestorbenen, dass diese Fragen, so tiefgehend ihre elementare gefühlsmäßige Wirkung auch sein mag, keinesfalls vorwurfsvoll gestellt waren. Das Wesen, so berichteten sie einmütig, stellt die Fragen nicht anklagend oder drohend, denn, gleichgültig, wie auch immer die Antworten ausfallen mögen, fühlen sie doch nach wie vor dieselbe uneingeschränkte Liebe und Bejahung von dem Lichtwesen ausgehen. Der Sinn dieser Fragen scheint vielmehr darin zu liegen, den Menschen dazu anzuregen, ihr Leben offen und ehrlich zu durchdenken. Es geht viel weniger um eine gute Antwort, als darum, den Gefragten zu helfen, selber den eigenen Lebensweg wahrzunehmen.

9. DIE RÜCKSCHAU

Das Auftreten des Lichtwesens leitet eine Szene bestürzender Eindringlichkeit ein. Das Wesen führt dem Sterbenden in einer „Überschau" das Panorama seines Lebens vor. Der Gestorbene sieht sein ganzes Leben ausgebreitet vor sich liegen und benötigt keinerlei weitere Informationen. Die Absicht ist es allein, zur Rückbesinnung anzuregen.
Die Teilnehmer der Studie berichten einhellig von diesem Erlebnis, das mit einem Wiederauftauchen von Erinnerungsbildern verglichen werden kann. Jedoch läuft der Lebensrückblick mit enormer Geschwindigkeit ab. Es wird berichtet, dass die Bilder mit außerordentlicher Geschwindigkeit und chronologisch geordnet ablaufen. Andere Zeugen wiederum können sich überhaupt nicht an ein Zeitgefühl erinnern. Das Wiedererkennen ging blitzartig vor sich. Alle erinnerten Geschehnisse erschienen gleichzeitig und konnten mit einem Blick des geistigen Auges erfasst werden. Die Betroffenen beschreiben übereinstimmend, dass diese Bilder erstaunlich lebendig und lebensecht dargestellt sind. Jedes einzelne Bild wird bewusst wahrgenommen. Von den geringfügigsten bis zu den bedeutsamsten Handlungen, so versichern einige der Befragten, sei in der Rückschau alles enthalten gewesen, was sie in ihrem Leben je getan hätten.

„Als das Licht erschien, sagte es als Erstes zu mir: „Was hast Du in deinem Leben getan, was Du mir jetzt zeigen kannst", oder so ähnlich.

Im selben Moment fing die Rückschau an. „Nanu, was ist denn das jetzt", dachte ich, als ich mich plötzlich in meine Kindheit zurückversetzt sah. Von da an durchschritt ich praktisch jedes Jahr meines Lebens, von meiner frühesten Kindheit bis zur Gegenwart. Ich erlebte mich als kleines Mädchen am Bach sitzen, durchlebte Situationen aus meiner Kindergartenzeit, Schulzeit und so weiter. Die Ereignisse rollten noch einmal in derselben Reihenfolge wie im Leben vor mir ab; und sie waren vollkommen lebendig. Die Bilder wirkten so, als ob man sie in Wirklichkeit vor sich sähe. Sie waren ungemein plastisch, in Farbe und bewegt."

„Ich hatte das Licht nicht mehr gesehen, während ich mit der Rückblende beschäftig war. Sobald es mich nach meinem Leben gefragt hatte, war es verschwunden, und die Rückschau hatte begonnen. Dennoch spürte ich seine Gegenwart. Ab und zu machte es sogar Bemerkungen. Es wollte mir mit jedem dieser Rückblicke etwas zeigen. Es ging ihm nicht darum, etwas von meinem Leben zu erfahren – das wusste es alles bereits, sondern suchte bestimmte Ereignisse aus, damit ich diese wieder frisch im Gedächtnis hätte. All das enthielt jedoch nicht den geringsten Vorwurf. Es betonte immer wieder, wie wichtig die Liebe sei. Das Wesen erklärte mir, dass ich auch in Zukunft weiterlernen würde und sprach von einem kontinuierlichen Prozess."

„Ich habe mir diese Rückschau gerne angesehen. Es hat mir Spaß gemacht in die Vergangenheit zurückversetzt zu werden und sie so zu überschauen, wie es eben normalerweise nicht möglich ist."

Ein anderer Zeuge schließt die Beschreibung der Rückschau mit folgenden Worten: „Dank dieses Erlebnisses hatte ich in der Zeit meiner Genesung jedem ausführlich und gründlich über jede kleine Einzelheit in meinem Leben Auskunft geben können. Es war eine beeindruckende Erfahrung, die nicht in Worte zu fassen ist, blitzschnell und doch ohne Eile und von außerordentlicher Klarheit."

10. DIE GRENZE ODER SCHRANKE

In einigen Fällen ist von den Beteiligten geschildert worden, wie sie sich im Laufe der Sterbeerfahrung einer Stelle näherten, die man wohl als eine Art „Grenze" oder „Scheidelinie" bezeichnen könnte. In verschiedenen Zeugnissen erscheint sie als: „Gewässer", „grauer Nebel", als „Tür", als „durch ein Feld laufender Zaun" oder schlicht als „Linie".

„Ich starb durch einen Herzstillstand. Nach dem ganzen Knacken und dem Durchgang durch den langen dunklen Tunnel, blitzte mein ganzes Leben vor mir auf. (...) plötzlich fand ich mich auf einem wogenden

Kornfeld wieder. Es war wunderschön, alles war leuchtend grün von einer Farbe, die es hier auf der Welt nicht gibt. Vor mir auf dem Feld entdeckte ich einen Zaun und schickte mich an, auf ihn zuzugehen. Da sah ich einen Mann sich von der anderen Seite her ebenfalls dem Zaun nähern, als ob er mir entgegenkäme. Ich wollte zu ihm hingehen, doch merkte ich auf einmal, wie ich unaufhaltsam zurückgezogen wurde. Gleichzeitig mit mir sah ich auch den Mann umkehren und sich vom Zaun weg in die andere Richtung zu bewegen."

„Es war ein höchst seltsames Erlebnis. Unmittelbar nach der Entbindung erlitt ich eine schwere Blutung, die nur mit Mühe unter Kontrolle gebracht werden konnte. Da ich selber Krankenschwester war, wusste ich, wie gefährlich die Situation war. Auf einmal verlor ich das Bewusstsein. (...) Ich war anscheinend auf einem Schiff, das ein großes Gewässer überquerte. Am anderen Ufer entdeckte ich mir nahestehende Menschen, die bereits gestorben waren, meine Mutter, meinen Vater, meine Schwester und andere. Sie winkten mir zu. Ich wiederholte immerzu: „Nein nein, ich bin noch nicht bereit zu sterben; ich will nicht sterben." Komischerweise sah ich die Szene auf dem Schiff gleichzeitig sich überlagernd mit dem Anblick der Ärzte und Schwestern in der Klinik. Schließlich hatte das Schiff das andere Ufer fast erreicht. Unmittelbar davor drehte es jedoch ab und änderte die Richtung. Endlich konnte ich mich dem Arzt wieder verständlich machen, und ich sagte ihm: „Ich werde nicht sterben". In diesem Augenblick muss ich wieder zu mir gekommen sein. Der Arzt erklärte mir, dass ich enorme Nachblutungen gehabt hätte, und dass es um ein Haar aus mit mir gewesen wäre."

11. DIE UMKEHR
Alle Menschen, die von ihrer Sterbeerfahrung hier berichten konnten, mussten natürlich irgendwann im Laufe ihrer Erlebnisse „umkehren". Im Allgemeinen hat sich jedoch ihre Einstellung zum Tod in der Zwischenzeit merklich verändert. Waren die Betroffenen in den ersten Momenten nach ihrem Tod häufig noch an ihren physischen Körper verhaftet und traurig darüber, diesen zu verlieren, liegt ihnen immer weniger an einer Rückkehr, je weiter sie in dem Prozess des Sterbens voran-schreiten. Haben sie im Erlebnis eine gewisse Tiefe erreicht, scheinen sie sich sogar dagegen zu sträuben. Das gilt besonders für diejenigen, die schon so weit gekommen waren, dass sie dem Lichtwesen begegneten. Ausnahmen von dieser Regel sind es oft nur dem Anschein nach, nicht aber in Wirklichkeit. Von mehreren Menschen, die in dem Moment ihres

Sterbens kleine Kinder hatten, wurde berichtet, dass sie zwar persönlich viel lieber dort geblieben wären, jedoch den starken Wunsch verspürten, sich um ihre Familie zu kümmern.

„Als ich mich aus meinem Körper gelöst hatte, war ich mir darüber im Klaren, dass ich mich jetzt entscheiden konnte. Es war wunderschön dort drüben auf der anderen Seite, und eigentlich wäre ich gerne dort geblieben. Aber zu wissen, dass ich auf der Erde eine wichtige Aufgabe hatte, war in gewisser Weise genauso schön. Deshalb kam ich zu dem Entschluss: „Ja, ich versuche umzukehren" und ging zu meinem Körper zurück. Fast kam es mir so vor, als ob ich selber die Blutung zum Stillstand gebracht hätte. Jedenfalls besserte sich mein Zustand von da an fortschreitend."

„Aus welchem Grund ich zurückgesandt wurde, weiß ich nicht. Irgendwie war die Zeit noch nicht gekommen, mich in den Himmel einzulassen; aber warum, weiß ich nicht. Vielleicht war ich persönlich einfach noch nicht so weit, dass ich hätte dort bleiben können. Ich kann es mir nicht erklären und suche immer noch nach einer Antwort."

Viele Zeugen entsinnen sich, gegen Ende ihres Erlebnisses sehr schnell, oftmals sogar mit einem Ruck, zu ihrem physischen Körper zurückgezogen worden zu sein. „Unter der Decke schwebend, sah ich zu, wie sie mich wiederbelebten. Als sie mir die Elektroden auf die Brust setzten und mein Körper sich aufbäumte, stürzte ich jählings wie ein Stein zu ihm hinunter und erwachte in meinem Körper."

12. MITTEILUNGSVERSUCHE

In diesem Zusammenhang ist zu betonen, dass Menschen, die ein derartiges Sterbeerlebnis gehabt haben, seine Realität und Bedeutsamkeit nicht im mindesten bezweifeln. In den Berichten fallen immer wieder entsprechende Äußerungen auf:

„Als ich mich außerhalb meines Körpers befand, war ich aufs Äußerste verblüfft darüber. Dennoch war es Wirklichkeit. Ich sah meinen Körper deutlich und aus einer gewissen Entfernung; es waren keine Halluzinationen."

„Es war alles andere als eine Halluzination. Einmal, als ich früher im Krankenhaus war und Kodein bekam, habe ich Halluzinationen gehabt. Aber das war lange vor dem Unfall, bei dem ich wirklich ums Leben kam. Dieses Erlebnis war etwas anderes als Halluzinationen, etwas vollkommen anderes."

In der Tat haben viele der Befragten erzählt, dass sie von vornherein damit gerechnet hatten, auf Ablehnung und Unverständnis zu stoßen, sollten sie von ihrer Sterbeerfahrung berichten. Deshalb hätten sie es vorgezogen, Stillschweigen zu bewahren oder sich höchstens einem der nächsten Angehörigen anzuvertrauen. Im Rahmen der Interviews zeigten sich viele der Berichterstatter außerordentlich erleichtert, als sie hörten, wie viele Menschen schon von fast deckungsgleichen Erfahrungen berichtet hatten.

Im Grunde berichten alle Zeugen, dass das Erlebte ihr Leben verändert hat: „Früher bin ich einfach meinen Impulsen gefolgt. Heute möchte ich erst mal alles schön langsam durchdenken. Ich bemühe mich neuerdings, Dinge zu tun, die mehr Sinn haben. Ich fühle mich nun viel wohler. Ich habe keine Angst mehr vor dem Leben und dem Sterben."

„Durch mein eigenes Sterben ist mir das Leben etwas sehr Kostbares geworden. Früher hatte ich mich viel um meinen Körper gekümmert. Seit meinem Erlebnis ist der Geist das nun eigentlich Interessante für mich; all das, was in meinem Geist passiert. Der Körper ist an zweiter Stelle ein Ding, welches meinen Geist umschließt."

Ein Mann, der dem Lichtwesen begegnet war, hatte sich dabei derart vollkommen geliebt und akzeptiert gefühlt, dass er nun das Empfinden hat, seine Aufgabe auf Erden sei es, diese Art von Liebe zu erlernen und weiterzugeben. Andere betonten, wie wichtig es für sie geworden ist, sich mehr Wissen anzueignen. Während ihres Todeserlebnisses wurde ihnen vermittelt, dass der Erwerb von Wissen auch nach dem Leben weitergehe. Eine Frau berichtet, dass sie seit dem Sterbeerlebnis jede Bildungsmöglichkeit nutzt, die sich ihr bietet.

ZUSAMMENFASSUNG

Aus den vorliegenden Sterbeerfahrungen lässt sich folgender Ablauf der Erlebnisse zusammenfassen: Ein Mensch liegt im Sterben. Während sich seine körperliche Bedrängnis dem Höhepunkt nähert, hört er, wie ein Arzt oder Anwesender ihn für tot erklärt. Urplötzlich nimmt der Sterbende ein unangenehmes oder angenehmes Geräusch war, ein durchdringendes Läuten oder Brummen. Zugleich hat er das Gefühl, dass er sich sehr rasch durch einen langen dunklen Tunnel bewegt. Danach befindet er sich außerhalb seines Körpers, jedoch in derselben Umgebung wie zuvor. Als ob er ein Beobachter wäre, blickt er nun aus einiger Entfernung auf seinen eigenen Körper. In seinen Gefühlen zutiefst aufgewühlt, wohnt er von diesem seltsamen Beobachtungsposten den Handlungen der Anwesenden oder den Wiederbelebungsversuchen bei. Nach einiger Zeit fängt er sich und beginnt, sich an seinen merkwürdigen Zustand zu gewöhnen. Wie er entdeckt, besitzt er immer noch

einen „Körper", der sich jedoch sowohl in seiner Beschaffenheit als auch in seinen Fähigkeiten grundlegend von seinem physischen Körper unterscheidet. Bald kommt es zu neuen Ereignissen. Andere Wesen nähern sich dem Sterbenden, um ihn zu begrüßen und ihm zu helfen. Er erblickt Geistwesen – bereits verstorbene Verwandte und Freunde. Kurz darauf erscheint ein hell leuchtendes Lichtwesen, das vollkommene Liebe, Wärme und Weisheit ausstrahlt. So etwas hat der Sterbende noch nie gefühlt und ist im höchsten Maße von Frieden und Liebe umfangen. Dieses Wesen richtet – ohne Worte zu gebrauchen – eine Frage an den Sterbenden, die ihn dazu bewegen soll, sein Leben als Ganzes zu bewerten. Es hilft ihm dabei, indem es das Panorama aller oder der wichtigsten Stationen des Lebens in einer blitzschnellen Rückschau an ihm vorbeiziehen lässt. Auch erscheint es dem Sterbenden im Laufe der ersten Ereignisse, dass er sich einer Art Schranke oder Grenze nähere, die offenbar die letztendliche Scheidelinie zwischen dem irdischen und dem folgenden Leben darstellt. Entweder entscheidet sich der Mensch, auf der Erde weiterleben zu wollen oder zu müssen, oder die Zeit des Todes scheint noch nicht gekommen; auf jeden Fall dreht er vor der Grenze ab. In der Regel nehmen ihn die Erlebnisse der neuen Ebene derart gefangen und die Gefühle von Freude, Liebe und Frieden sind so groß, dass der Sterbende nicht wieder zu seinem physischen Körper zurückkehren möchte. Plötzlich jedoch, und ohne zu wissen wie, vereinigt er sich wieder mit seinem Körper, wacht auf und lebt in ihm weiter. Bei seinen späteren Versuchen, anderen Menschen von seinen Erlebnissen zu berichten, trifft er auf große Schwierigkeiten. Dennoch hinterlässt das Erlebte tiefe Spuren in der Persönlichkeit dieses Menschen, der nun eine vollständig gewandelte Vorstellung vom Sterben hat und jegliche Angst davor verloren hat.

DER TOD EINES YOGIS

Die Yogis und Mystiker dieser Welt bereiten sich bewusst auf den Übergang in die nächste Ebene vor. In der Meditation oder der Shavasana (Totenstellung) lernen sie bereits zu Lebzeiten, sich bewusst von Körper und Geist zu trennen und sich auf das Licht und die höchste Ebene jenseits aller Dualitäten zu fokussieren.

Vor einigen Jahren verließ Swami Satyananda seinen Körper: „Er saß als Yogi im Lotussitz und meditierte. Was ich nun sah und erlebte, kann sich niemand vorstellen. Der Meister verließ auf eine erhabene und würdevolle Weise das irdische Dasein. Er atmete einfach ein, und mit einer tiefen Ausatmung entzog er seinem Körper seine Pranas, die Lebensenergien. Er war willentlich in den ‚Maha-Samadhi', in die ‚große Befreiung' gegangen."

Teil 2 Entdeckungen in der Physiotherapie
Kapitel 17

Als ich aus meiner Zeit im Ashram nach Berlin zurückkehrte, hatte ich zum einen gefühlt viel zu viel Energie für diese Welt, zum anderen war ich hoch motiviert, diese Energie nutzbringend einzusetzen. Zwei Aspekte sollten sich schon bald manifestieren, von denen ich nun berichten mag: „Die ganzheitliche Physiotherapie" und das „Berliner Yogafestival".

In der Physiotherapie fand ich auf wundersame Weise eine Anstellung in einer Praxis bei einer yogabegeisterten Therapeutin. Wir verstanden uns gut, waren zusammen in Indien, gründeten die Band „Die Therapeuten" und teilten uns die Praxis und die physiotherapeutische Arbeit. Gleichzeitig lernte ich meine spätere Frau Miriam kennen, die meinen Enthusiasmus, ein großes Yogafestival in Berlin zu etablieren, teilte.

In meinem Wunsch, den Menschen ursächlich bei Beschwerdebildern wie Migräne oder Schwindel helfen zu wollen, stieß ich auf die Atlaswirbelkorrektur, die Korrektur der Position des ersten Halswirbels. Eine Migränepatientin, die ich seit Monaten betreute, flog damals in die Schweiz, ließ sich die Atlaswirbel-Stellung korrigieren und kam tatsächlich ohne Migräne wieder. Ich erlernte als erster Berliner die Atlasreflex®-Technik, die ich seit dieser Zeit anbiete, verfeinere. In Pionierarbeit versuche ich, sie über die Grenzen Berlins hinaus bekannt zu machen. Die Behandlungserfolge sind beeindruckend. Hier findest Du gesammelte spannende Informationen über die Wichtigkeit der Kopfgelenke und deren richtige anatomische Position – auch wichtig für Yoga und Meditation!

Die Atlaswirbel-korrektur

Der griechischen Sage nach trägt der Riese Atlas das Himmelsgewölbe auf seinem Nacken. Hoffentlich hat er sich bei dieser bestimmt anstrengenden Tätigkeit den Atlaswirbel nicht verschoben. Denn davon könnten mannigfache Erkrankungen herrühren, die in einem Direkten Zusammenhang mit der Position des ersten Halswirbels stehen können.

DIE ANATOMIE

Der Atlaswirbel ist ein großer Knochen, auf dem der Kopf fest sitzt. Er dreht sich und den Kopf über dem Axis, dem zweiten Halswirbel, und stellt so die Kopfposition ein. Das hat zur Folge, dass, wenn der Atlaswirbel verschoben ist, auch der Kopf nicht 100% gerade ist. Nehmen wir an, der Atlas sei nach rechts vorne verdreht, dann wäre der Kopf ein Stück nach links rotiert. Nun werden aber die Hals- und oberen Rückenmuskeln den Kopf auf die Augenebene gerade heben und drehen wollen. Dadurch stehen diese Muskeln unter einer ungünstigen Daueranspannung. In diesem Fall helfen auch Massagen oder andere Entspannungstechniken nicht nachhaltig, da die Ursache, nämlich die schiefe Kopfposition, nicht korrigiert wird.

DIE KOMPENSATION

Durch diese Kompensation wird dann zwar der Kopf gerade „gemacht", aber der Rest des Körpers gerät in der Folge aus dem Lot. Die Schultern sind verschieden hoch, die Wirbelsäule weicht seitlich aus, das Becken steht schief, und es lastet ein ungleiches Gewicht auf den Beinen. Der ganze Körper muss schließlich die falsche Kopfstellung kompensieren, und der untere Rücken beginnt seitlich zu schmerzen. Das Hüft-, Knie- und Sprunggelenk können sich abnutzen, und ein Fersensporn kann sich entwickeln.

Die meisten Menschen, die sich für eine Atlaskorrektur interessieren, tun dies eher selten aus Gründen einer verschobenen Körperstatik. Häufig stehen symptomstarke Beschwerdebilder wie Kopfschmerzen oder Migräne, aber auch Schwindel oder der Tinnitus im Fokus.

Jedoch ist eine gut ausgerichtete innere Statik in meinen Augen das A und O für einen schmerzfreien beweglichen Körper, der uns in unserem kreativen körperlichen Ausdruck nicht hemmt. Die Kraft, die der Körper aufbringen muss, um eine schlechte „innere Statik" muskulär auszugleichen, ist nicht unerheblich. Ein Statiker würde einen Körper wahrscheinlich nicht auf diese Art und Weise bauen: Zwei kleine Füße, zwei lange Beine, dann eine an über 20 Stellen bewegliche Säule und obendrauf eine richtig schwere Kugel. Wenn jetzt diese Kugel, ein Kopf wiegt vier bis fünf Kilo, nicht lotrecht platziert ist, stimmt die Statik und der Spannungszustand des ganzen Körpers nicht, und entsprechende Beschwerden lassen sich kaum noch verhindern.

DIE URSACHENFORSCHUNG

Menschen, die unter Kopfschmerzen oder Migräne leiden, erhalten in ihren Augen von der Schulmedizin häufig kein ausreichendes „Behandlungsangebot." Die reine Betäubung durch Schmerzmittel oder Triptane, obwohl manchmal unausweichlich, kann kaum als echte Behandlung angesehen werden, da sie die Erkrankung nicht ursächlich betrachtet, sondern lediglich die Symptome dämpft.

Kopfschmerzen oder Migräne entstehen in der Regel aus einem Mix verschiedener Ursachen; aber dass eine Migräne vom Wetterwechsel oder Hormonschwankungen allein verursacht wird, stimmt einfach nicht. Wäre das Wetter die Ursache, müssten ja, wenn das Wetter gelegentlich extrem wechselt, mehr Menschen Migräne bekommen. Es sind aber immer wieder genau die gleichen Menschen betroffen. Was unterscheidet also diese Menschen von anderen? Auch hormonelle Veränderungen, Nahrungsmittel oder Stress sind zwar Auslöser, aber nicht die Ursache für Migräne, da andere Menschen mit größeren Dosen dieser Auslöser gar keine Probleme bekommen.

Ich stelle es mir so vor: das Fass ist bei einem Migränepatient schon relativ voll. Kommt ein Reiz dazu, sei es das wechselnde Wetter, das histaminhaltige Essen, die Hormonschwankung, der Stress oder das freie Wochenende, kann das Fass in den Migräneanfall überlaufen. Ist der

Pegel im Fass schon eher hoch, läuft es häufiger und intensiver über; ist der Pegel eher niedrig, entstehen große Pausen zwischen den Attacken. Ist der Atlaswirbel nun noch dazu verschoben und drückt mit seinem Knochenrand auf den Vagusnerv, macht diese mechanische Kompression das Fass vielleicht einfach schon einmal ziemlich voll. Manche der Ursachen kann man ändern, andere nicht. Die schlechte Atlasposition ist korrigierbar, und somit könnte man den Pegel im Fass ein gutes Stück absenken.

DAS FESTSTELLEN DER ATLASPOSITION

Die Atlas-Stellung lässt sich mit einiger Übung manuell gut und sicher ertasten. Bevorzugt aus der Bauchlage, mit auf der Stirn abgelegtem Kopf und entspanntem Nacken, tastet der Therapeut mit sechs bis acht Fingern die überdurchschnittlich langen knöchernen Querfortsätze des Wirbels bis zu seinen seitlichen Enden. Hier kann der erfahrene Therapeut die Wirbelposition und alle dort möglichen Fehlstellungen diagnostizieren. Ganz Dicht an den, beziehungsweise in den, Querfortsätzen des Atlas laufen zwei sehr wichtige Strukturen: die Arteria vertebralis interna, die das Blut hoch zum Kopf führt, und in Direkter Nachbarschaft ein wichtiger Nerv, der zehnte Hirnnerv, der Nervus vagus. Dieser geht Direkt ins Gehirn und steuert, als wichtigster vegetativer Nerv, der Parasympathikus, unter anderem den Magen, den Blutdruck, den Schlafrhythmus und das gesamte vegetative Bild. Durch eine Atlaswirbel-Fehlstellung können diese Ader und/oder der Vagusnerv komprimiert werden. Dieser mechanische Druck kann verschiedene Beschwerdebilder anbahnen oder auslösen.

DIE BEHANDLUNG

Der Atlaswirbel wird in der Regel traumatisch verschoben: ein Auto- oder Fahrradunfall, ein Sturz im Erwachsen- oder Kindesalter oder bei einer ungünstig ausgeführten Geburtshilfe sogar schon bei der Geburt. Tatsächlich geht die moderne Atlaskorrektur auf die beachtenswerte Arbeit und Forschung einiger Schweizer Ärzte und den französischen Kinderarzt Dr. Arlen zurück, der über kontrollierte Korrektivimpulse bereits bei Neugeborenen den Atlaswirbel von Hand korrigierte.

Die moderne und sanfte Wirbelkorrektur für Erwachsene benutzt anstelle „eines" Impulses mit Kraft und Geschwindigkeit (siehe Einrenken, Einknacken, Chiropraktik) Hunderte kleine kontrollierte Impulse, um den Wirbel in seine richtige Gelenk-Position zurückzuführen. Dazu ist ein medizin-technisches Gerät, die „Temper Technologie", notwendig, welches ein kontrolliertes schmerzfreies Arbeiten ermöglicht. Mittels pneumatischer Impulse und Schallwellenfrequenzen wird vorab die anliegende Muskulatur auf die Wirbelkorrektur vorbereitet. Nach der Korrektur stehen das oberste „Zahnrad" der Statik und der Kopf wieder gerade, auch in der Hoffnung, die zuführende Arterie und der Vagusnerv können wieder vollständig frei leiten und fließen. Nach vier bis sechs Wochen wird der Patient erneut untersucht und befragt, und es wird eine Kontrolle der Wirbelpositionen C1 bis C7 durchgeführt.

DIE EMPIRISCHE STUDIE

Da zum Thema „Atlaswirbelkorrektur" noch keine wissenschaftlich korrekten Studien vorliegen, hat die Praxis Stefan Datt einigen Patienten, die eine Atlaswirbelkorrektur haben vornehmen lassen, einen standardisierten Fragebogen zukommen lassen. Von über 400 Patienten gaben 83% an, dass sich das Kernproblem im Beschwerdebild, z.B. die Migräne oder der Schwindel, deutlich gebessert hat oder nicht mehr aufgetreten ist. 92% der Befragten würden die Atlaswirbelkorrektur unbedingt weiterempfehlen.

MEINE PERSÖNLICHE ERFAHRUNG

Gerade für Migränepatienten eröffnet sich hier eine „echte" Behandlungsmöglichkeit. In einem aktuellen Ansatz untersuche ich empirisch die Atlaswirbel-Position in der Skoliose-Therapie. Skoliosen sind seitliche dreidimensionale Verschiebungen der Wirbelsäule, die gehäuft im Wachstumsschub weiblicher Teenager auftreten. Die Medizin sagt dazu in der Regel: idiopathische Skoliosen, Skoliosen unbekannter Ursache. Das erscheint nicht befriedigend. Hier könnte eine genaue Diagnostik der Atlaswirbel-Stellung von großem Interesse sein, um ein Fortschreiten der Skoliosesymptomatik zu verlangsamen oder sogar rückgängig zu machen. Eine breiter angelegte ärztlich gestützte Forschung möchte ich hierzu anregen und bei der Durchführung behilflich sein. Bei der Vielzahl der Menschen auf der Welt, die unter einer Skoliose leiden, wäre eine Untersuchung dieser Idee sicher interessant.

Diagnose Skoliose – der rätselhafte Rücken

Konntest Du den Ausführungen zur Korrektur der Kopfgelenke gut folgen? Dann teilst Du mit mir vielleicht den Gedanken, Skoliose-Patienten mit ihren seitlich verbogenen Wirbelsäulen auf ein Statikproblem hin zu untersuchen, welches aus einer Problematik der Atlaswirbel-Position herrühren könnte. Solch eine Forschungsserie wird eines meiner nächsten Projekte sein. Ich bin zu neugierig, ob sich diese Idee als richtig erweist. Wenn Dich das Thema „Skoliose" ebenfalls interessiert, findest Du im folgenden Text Ideen und Informationen dazu.

Kapitel 18

NEUE BEHANDLUNGSWEGE FÜR DEN RÄTSELHAFTEN RÜCKEN

Aus welchem Grund Mimis Rücken plötzlich so schief geworden war, wissen weder die Eltern noch die Ärzte. Mimi war gerade einmal elf Jahre alt, als sie mit ihren Eltern zu ihrem ersten Termin zu uns in die Praxis kam. Die Diagnose: Skoliose, das seitliche und verdrehte Ausweichen der Wirbelsäule, Rippenbuckel, Lendenwulst, ungleich hohe Schultern, Beckenschiefstand. Ratlose erstaunte Eltern, ein etwas verschüchtertes Kind und ein gruseliges Röntgenbild: 38 Grad Skoliosewinkel in der Brust-wirbelsäule, 29 Grad in der Lendenwirbelsäule. Entwicklungs-Prognose: eher schlecht. Die Prognose war ungünstig, weil Mimi bei der Diagnosen-stellung noch recht jung und auch klein war. Ein Wachstumsschub war in den nächsten Jahren zu erwarten und die Verknöcherungszeichen an der Hand waren noch lange nicht ausgereift. Was nun?

SKOLIOSE – UNBEKANNTE URSACHE?

Skoliosen gelten als beachtenswert, wenn sie den Winkel von 10% überschreiten. Bei den leichteren Verschiebungen liegen die Jungs zahlenmäßig sogar vorne, bei den größeren Skoliosen jedoch die Mädchen deutlich im Verhältnis 10:1. Mädchen sind deswegen gravierend häufiger betroffen, weil der Wachtumsschub im Alter zwischen 10 und 13 Jahren häufig rapide einsetzt. Warum sich bei dem einen Jugend-lichen eine Skoliose ausbildet und bei dem anderen nicht, ist der Medizin nicht bekannt. Man spricht von „idiopathischen Skoliosen", Skoliosen unbekannter Ursache. Man weiß lediglich: es macht keinen Unterschied, wie man seine Tasche trägt, welchen Sport man macht oder wie die Körperhaltung aussieht. Und man weiß auch: Skoliosen können sich in recht kurzer Zeit recht dramatisch verschlechtern.
Bei den über Sechzigjährigen findet man übrigens circa 50% skolio-tische Wirbelsäulen.

DIE UNTERSCHÄTZTE FRÜHERKENNUNG

Eine Skoliose wird in der Früherkennung am besten durch den Vorbeu-getest festgestellt. Dabei neigt sich der Patient mit locker hängenden Armen nach vorne. Eine zweite Person blickt von hinten über die Wirbelsäule und erkennt eventuelle Asymmetrien wie Hüftprominenz, einseitig erhöhte Schulterblätter oder den verkrümmten Verlauf der

Wirbelsäule. Diesen Test sollten Eltern bei ihren zehn- bis dreizehnjährigen Kindern regelmäßig durchführen.

Durch fehlende Informationen wird die Skoliosebildung gelegentlich unterschätzt; frei nach dem Motto: „Ach, ein bisschen schief ist doch jeder." Ohne den Betroffenen Angst machen zu wollen, müssen jedoch die Fakten kommuniziert werden: Die Wirbelsäulen-Fehlstellung verschlechtert sich sukzessive in einem Winkel von unter 20 Grad, gelegentlich aber ab einem Skoliose-Winkel von über 20 Grad in der Regel deutlich.

Zu Beginn der Skoliosebildung treten Rückenschmerzen eher selten auf, doch ab dem 30. Lebensjahr klagen Skoliotiker gelegentlich über Rückenschmerzen und andere skoliosebedingten Beschwerden. Die Organe weisen Fehlstellungen auf, die Lunge ist je nach Krümmungswinkel verformt, das Herz kann komprimiert sein, Bandscheibendegenerationen können sich genauso angebahnen wie Muskelverkürzungen und Nackenschmerzen. Ab 20 Grad Skoliosewinkel wird daher dem Betroffenen in Deutschland ein Korsett verordnet, welches der Jugendliche 23 Stunden am Tag, also auch nachts, tragen soll. Das Kunststoff-Korsett wird maßangepasst und soll die Skoliose mindestens 50% aufrichten.
Die Korsettversorgung bringt selbst bei den stärksten und selbstbewusstesten Kindern verständlicherweise gelegentlich psycho-soziale Spannungen hervor, die in einzelnen Fällen bis in eine Depression führen können.

GEDANKEN UND FRAGESTELLUNGEN
Wieso ist die Ursachenforschung bisher so erfolglos?
Werden neue physiologische Erkenntnisse der Kinesiologie, der Spiraldynamik, der Atlaswirbel-Kontrolle, der Faszien-Therapie und des psychosomatischen Ansatzes in die aktuelle Ursachenforschung einbezogen? Wieso werden Statikverschiebungen erst ab 10 Grad für relevant

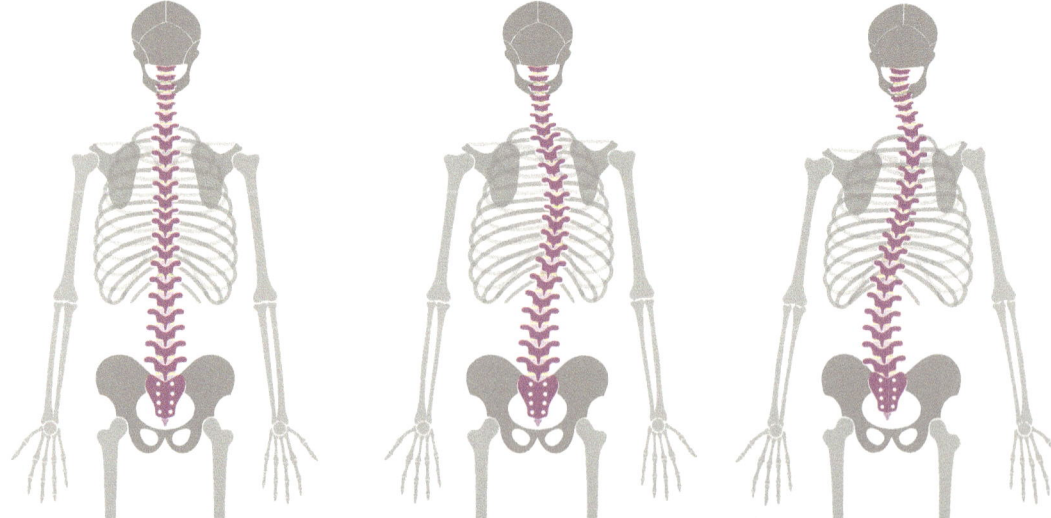

erklärt? Ist vielleicht die fehlende Behandlung der geringgradig abwei-
chenden Wirbelsäulen der Grund dafür, dass im höheren Lebensalter
etwa 50% der Menschen eine Skoliose und vielleicht auch daraus entste-
hende Beschwerden entwickeln? Sind die degenerativen Prozesse an der
älter werdenden Wirbelsäule möglicherweise durch die, zu Beginn noch
leicht, verschobene Statik entstanden?

DIE KLASSISCHE SKOLIOSE-THERAPIE

Glücklicherweise wird das Thema „Skoliose" in Deutschland traditi-
onell tiefgründig erforscht und nach einem ausgeklügeltem System
behandelt. Katharina Schroth initiierte vor über 100 Jahren ein nach ihr
benanntes Übungsprogramm, nach dem auch heute noch von hervorragend geschulten Therapeuten behandelt wird. Die Schroth-Therapie
wirkt als einzige Therapieform nachweislich effektiv an der Aufrichtung
der verkrümmten Wirbelsäule. Hier wird die individuelle Skolioseform
exakt differenziert: C-förmig, S-förmig, mit oder ohne Beckenbeteiligung,
Konvexitäten, schwache Stellen, Schulterpaket. Eine einfache Physiotherapie, Rückenschule oder Sport, wie z.B. Schwimmen, reichen auf keinen
Fall aus, die Skoliose maßgeblich zu beeinflussen. Der Schroth-Therapeut
legt großen Wert auf die Atemlenkung, die sogenannte „Dreh-Winkel-
Atmung". Sie wirkt, als würde man in die Delle eines plattgewordenen
Balls neue Luft pusten. Mit Hilfsmitteln wie Stäben und Gummibändern,
Beckengurten und Hüftholz kann nun mit der Aufrichtung der Skoliose
begonnen werden. Aber auch ohne diese Hilfsmittel können individuell
ausgewählte Übungen für zu Hause mitgegeben werden.

DER KOMBINIERTE ÜBUNGSANSATZ

Grundsätzlich braucht jede Skoliose eine differenzierte Behandlung. In
unserer Praxis in Berlin-Charlottenburg ist die Skoliose-Behandlung nach
Schroth ein wichtiger Themenschwerpunkt. Die geschulten Therapeuten

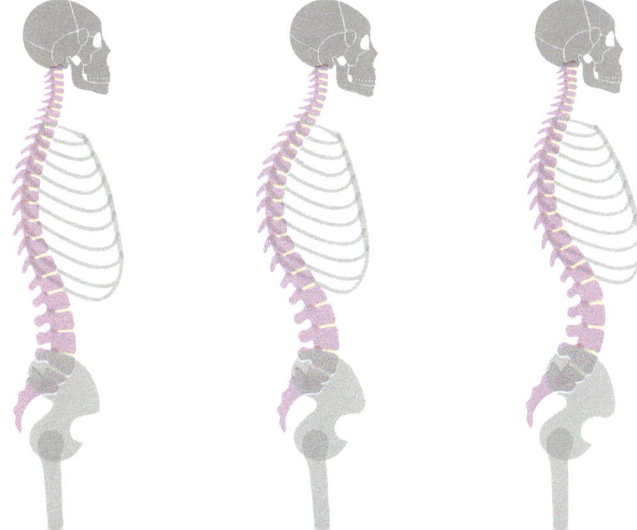

erarbeiten liebevoll und gekonnt individuelle Übungsprogramme und beziehen die Eltern in die Therapie mit ein, sollten die Kinder noch klein sein. Das wichtigste Element ist, eine entspannte, wohltuende und motivierende Übungsatmosphäre zu kreieren, sodass die Jugendlichen gerne zu ihrer Übungs-Session zu uns kommen. Dazu wird der Therapeut nicht nur der Übungsleiter, sondern auch ein Stück weit Freund und Wegbegleiter sein können. Auch wenn die komplexen und effektiven Schroth-Übungen zu Beginn recht fordernd und anspruchsvoll sind, werden sie mit der Zeit jedoch häufig als etwas eintönig empfunden.

Hier beginnt der gute Skoliose-Therapeut mit der eigentlichen Arbeit: Motivation und Abwechslung. Gerne bieten wir Kleingruppen an, in denen zwei oder drei Teenager zusammen trainieren und sich austauschen können. Durch Partnerarbeit werden die Patienten hier fast schon selber halbe Therapeuten und verstehen die Übungen auf einer neuen Ebene. Gleichzeitig erweitert sich das Übungsspektrum um angepasste Übungen der Spiraldynamik und des Yogas. Über das Verständnis der Spiraldynamik werden die Übungen aus dem separaten Trainingsraum herausgeholt und in den Alltag integriert. Hier geht es um das spielerische „Sich aus der Skolioserichtung heraus"-Bewegen. Mittels der „Autoelongation", dem bewussten Vergrößern des Abstandes zwischen Kopf und Becken und einer gezielt eingesetzten „Thoraxrotation" bieten sich auf Schritt und Tritt im Alltag unzählige Möglichkeiten, sich aus seiner Skoliose heraus zu bewegen und Kraft aufzubauen.

SCOLIO-YOGA

Betritt ein Patient erstmalig unsere Praxisräume, ist er von dem gemütlichen farbenfrohen Ambiente überrascht. Neben den wohltuend großen Behandlungszimmern gibt es auch einen schicken Yogaraum. Wir fahren hier zweigleisig: Physiotherapie-Praxis und Yogaschule in einem. Im Yogabereich bieten wir neben den normalen täglichen offenen Yogastunden auch „therapeutisches Yoga" für Patienten oder Bewegungsanfänger sowie „Yoga barrierefrei" für Rollstuhlfahrer an. Gerade die Skoliosepatienten können von den auf sie zugeschnittenen Yogaübungen enorm profitieren; auch die Erwachsenen. Manche haben sich inzwischen sogar wunderbar in die fortlaufenden Yogagruppen integriert.

„Menschen mit Skoliose, die mehrmals wöchentlich eine bestimmte Yogahaltung, nämlich die seitliche Planke, für ein bis zwei Minuten halten, können so die Verkrümmung ihrer Rückenwirbel reduzieren", meinen Forscher der Columbia Universität in New York. Die amerikanische

Skoliose-Stiftung empfiehlt 25 Yoga-Übungen. In der aktuellen Studie untersuchte Loren Fishman die Wirkung der Yoga-Positionen bei 25 Menschen mit verschiedenen Arten von Skoliose. Die Krümmung der Wirbelsäule nahm im Durchschnitt um 32 Prozent ab." (Gesundheit & Wissenschaft 11/2014)

Aber aufgepasst, nicht jede Yogaübung wird dem Skoliotiker gut helfen. Ganz so einfach ist es nicht, mit einer Skoliose Yoga zu üben. Die Schroth'schen Gedankengänge sollten unbedingt vorab verstanden sein. Wann immer man beim Yoga nur an den Bogen in der Brustwirbel-säule denkt, wird man die Skoliose eher verschlechtern als verbessern. Problematisch können das Dreieck oder der Drehsitz sein. Besser sind sanft ausgeführte Rückbeugen und stabilisierende Yogaübungen z.B. aus dem Fersensitz. Hier kann die „Dreh-Winkel Atmung" genauso integriert werden wie das Raffen des Rippenberges und andere Schroth-Elemente. Richtig angeleitet, machen die Yogaübungen den Patienten großen Spaß, verbessern die Körperwahrnehmung und sind als Abwechslung „mehr trendy" als die Schroth-Therapie. Detaillierte Informationen zum Thema „Yoga mit Skoliose" findest Du im nächsten Kapitel.

Ergänzt wird die Skoliose-Behandlung durch eine fachgerechte Kontrolle der Atlaswirbelposition und der daraus resultierenden Kopfhaltung als Ursachenforschung. Durch einen traumatisch verschobenen Atlas-wirbel, z.B. durch einen Sturz im Kindesalter, sitzt der Kopf nicht 100%ig gerade. Im Wachstumsschub könnte es ja sein, dass der leicht schiefe Kopf nicht im Lot gehalten werden kann und die Wirbelsäule in der Folge seitlich ausweicht.

Und um auf das Fallbeispiel von Anfang zurückzukommen:
Mimi ist jetzt 16 Jahre alt und hat mit tollem Einsatz, Regelmäßigkeit und mit der Atlaswirbelkorrektur ihren Skoliosewinkel thorakal von 38 auf 11 Grad reduzieren können. Sie kennt ihre Schroth-Übungen in- und auswendig, weiß aber auch, wie sie sich im Alltag aus ihrer Fehlhaltung heraus bewegt, und liebt die Yogaübungen. Sie möchte später eventuell Physiotherapeutin oder Yogalehrerin werden; und vielleicht sogar beides.

Kapitel 19

Yoga mit Skoliose

Um nun die beiden Bereiche „Yoga und Physiotherapie" wieder zu vereinen und Menschen mit Skoliose den Zugang zu einer angepassten Yogapraxis zu ermöglichen, habe ich mir Gedanken zu „Scolio-Yoga" gemacht und diese in die Behandlungssequenzen eingebaut.

Zum Thema „Yoga und Skoliose" gibt es fast so viele Meinungen, wie es Behandler und Praktizierende auf diesem Gebiet gibt. Zwischen „Yoga ist das, was mir am besten bei der Aufrichtung meiner Skoliose geholfen hat" bis zu „Yoga sollte für Skoliotiker generell verboten sein" driften die Aussagen und Erfahrungen weit auseinander.

In dem hier vorliegenden Kapitel möchte ich versuchen, das Pro und Kontra einer angepassten Yogapraxis für den verdrehten Rücken zu beleuchten, um mehr Klarheit für die Wirkungsweise und Anwendbarkeit der Yogaübungen bei Skoliose zu schaffen.

Seit 2006 bin ich selbständiger Physiotherapeut. Ich arbeite mit sieben Kollegen an der Wiederherstellung der inneren Statik unserer Patienten. In der Verbesserung der Körperstatik sehen wir den grundlegenden Ansatz, um Beschwerden am Bewegungsapparat auszugleichen und aufzulösen. Die sensible Arbeit an den Kopfgelenken mittels der Atlaswirbelkorrektur, der sogennanten Atlasreflex® Methode, stellt, wie im Kapitel 17 bereits beschrieben, sicher, dass grundsätzlich keine Statik-Belastung von einer verschobenen Kopfhaltung initiiert wird. Als Schroth-Therapeut und Liebhaber der Dorn-Methode behandele ich die Skoliose-Symptomatik im klassischen Sinne. Doch als Yogalehrer und Ausbildungsleiter versuche ich, mich der Skoliose auch auf neuen Wegen zu nähern.

Allgemeines Skoliose-Wissen bezüglich der Entstehung, der Progredienz, also dem Voranschreiten, der Winkelmessung, der Korsettversorgung und der Allgemeinen Schroth-Skoliose-Therapie, wurde im Kapitel 18 bereits angeschnitten. Hier geht es nun um die angepasste Yogapraxis und deren Nutzen in der Skoliosebehandlung.

SCOLIO-YOGA

Yoga kann im Allgemeinen sehr unterschiedlich ausgeführt werden; zwischen sehr sportlich bis hin zur geführten Phantasiereise kann alles Yoga sein. Für Skoliose-Patienten hebe ich die sanften bewusstseinsfördernden Aspekte des Yogas hervor und nenne es „Scolio-Yoga".

Der erste und wichtigste Schritt in der Behandlung einer Skoliose ist das Verbessern der Körperwahrnehmung, der Propriozeption. Nur was gut gespürt wird, kann auch gut bewegt werden. Im Gegensatz zur klassischen Schroth-Therapie ist das Ziel der Yoga-Therapie nicht, die Gradzahl des Skoliose Cobb-Winkels unter allen Umständen zu verringern. Hier möchte ich herausfinden, welche tatsächlichen subjektiven Probleme

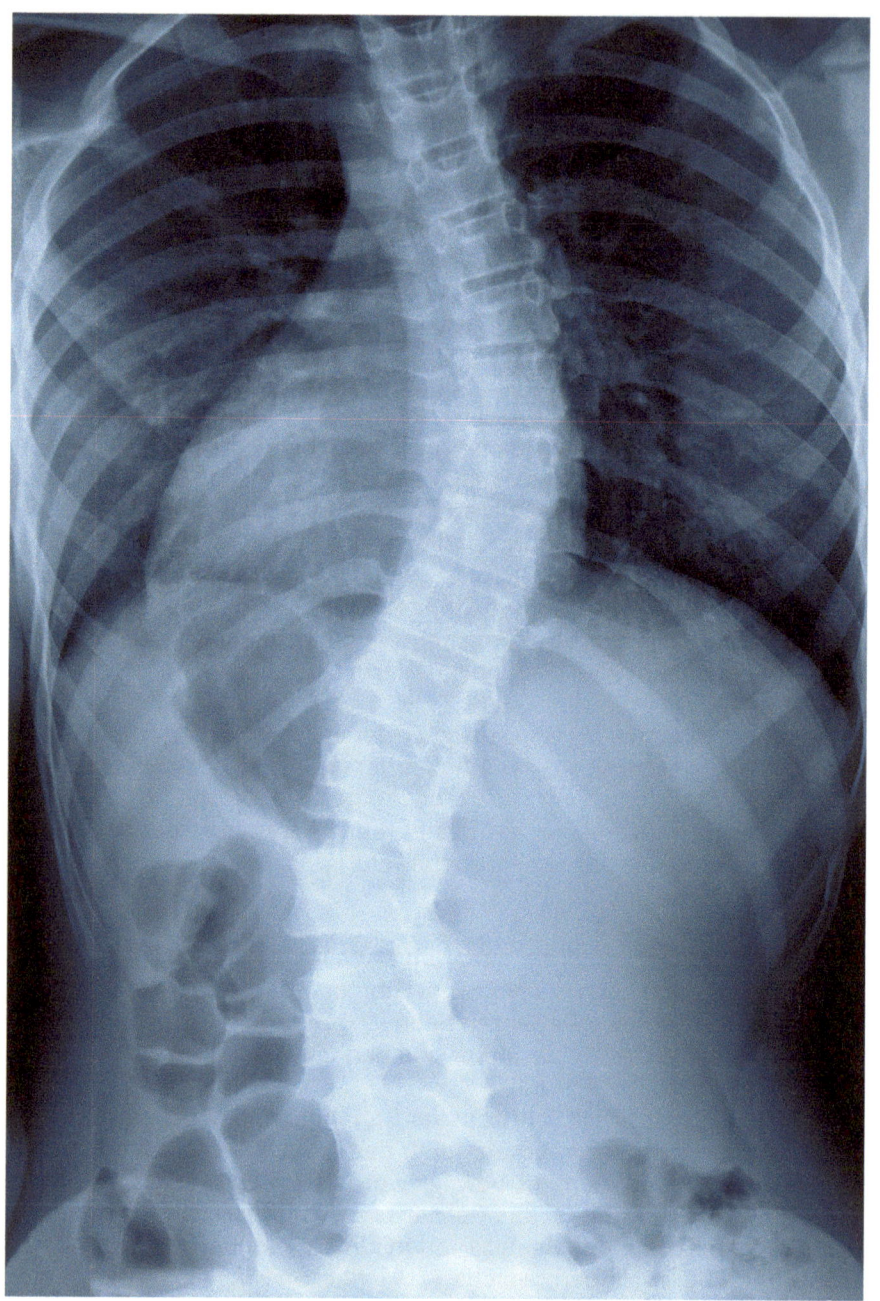

der Mensch und sein Körper haben, um diese zu verringern. Wie ist die allgemeine Körperwahrnehmung, welche Bewegungseinschränkungen liegen momentan vor, gibt es akute oder chronische Schmerzen und wie ist die aktuelle psychische Verfassung. Manche Patienten können wegen einer schwachen Körperwahrnehmung die komplexen Schroth-Übungen nicht zufriedenstellend umsetzen. So beginnen wir die Yoga-Therapie mit der Schulung des Bewusstseins. Wie stehe ich auf beiden Füßen, welche Teile des Körpers berühren in der Rückenlage den Boden, wie und wo fühle ich die Atmung in meinem Körper.

YOGA HEISST ATMEN

Sehr sanft beginnen wir, die Atmung mit leichten Bewegung zu verbinden, denn Yoga heißt: verbinden. Im nächsten Schritt üben wir die „Yoga-Wechselatmung", um das Energiesystem und die Meridiane zu erreichen. Hier wird, wie im Kapitel 12 beschrieben, abwechselnd durch das rechte und linke Nasenloch geatmet und dazwischen immer wieder der Atem für eine Weile angehalten. So lernen wir unseren Atem ganz neu kennen und in einer besonders effektiven Weise zu führen. Weiterführend kombinieren wir die Wechselatmung mit der Schroth-Dreh-Winkel-atmung, die in die „Täler" des Rückens gelenkt wird und nun deutlich kräftiger greifen kann. Bei den Atemübungen sitzen die Teilnehmer auf einem Hocker. Bevor wir beginnen, sollen sie zuerst zwei Stöcke neben sich in den Boden drücken und den Abstand zwischen Kopf und Becken vergrößern. Bei vier-bogiger Skoliose kann das Bein der „schwachen Seite" abgestreckt werden; bei drei-bogiger Skoliose hängt das Becken der kürzeren Beinseite über den Rand des Hockers. Man sitzt quasi nur auf einer Gesäßhälfte. In der Wechselatmung wird gezielt in die „Schwachen Stellen", also die „Rücken-Täler" geatmet.

Während der „Feueratmung Kapalabhati" mit dem nach oben schnellenden Zwerchfell und dem Atemanhalten üben wir die Autoelongation, das sich innerliche Aufrichten und Längen zwischen Beckenboden und Schädeldecke. In die schönen geschmeidigen Bewegungen des „Sonnengrußes" können verschiedene Schwerpunkte durch das längere Halten einzelner Stellungen gesetzt werden. Die Schönheit der Bewegungen gibt dem Übenden ein gutes Selbstwertgefühl. Auf jeden Fall werden hier die Rückenmuskeln ordentlich gestärkt, und der Körper wird gut aufgewärmt. Ein gutes Erwärmen des Körpers vor der Asanas-Yoga-Praxis ist im Scolio-Yoga besonders wichtig.

BEWUSST • BEWEGLICH • BESCHWERDEFREI

Die Yogastellungen, die dem „asymmetrisch" Übenden am besten helfen, beginnen häufig in einer asymmetrischen Ausgangsstellung: halber Bogen, halbe Vorwärtsbeuge, halbe Heuschrecke. Ist der Bogen der Wirbelsäule an seinen Scheitelwirbeln, also ganz außen, sehr unflexibel und verfestigt, üben wir sanfte langgehaltene Dehnungen, um die Konkavseiten der Bögen zu dehnen. Mit kleinen Mikrobewegungen versuchen wir in der Yoga-Stellung, diese Bögen beweglicher zu machen und die verhärteten Faszien zu lösen.

Immer wichtig sind rückenkräftigende Asanas, wie verschiedenen Variationen der Kobra (eventuell mit einer unterlagerten Beckenhälfte), alle Rückbeugen aus der Bauchlage, aus dem Stand, wie die Krieger-Stellungen oder aus dem Fersensitz. Wir gehen hier nicht betont in die Extension, sondern stärken die Rückenmuskulatur. Um den bei Skoliose häufig auftretenden Flachrücken nicht zu verstärken, sind die Gegenstellungen aus dem Formenkreis der „Vorwärtsbeugen" wichtig. Lange abwechselnde Beindehnungen, Stellung des Kindes, Kuhkopf und Übungen mit gegrätschten Beinen sind hier sinnvoll. Immer gut ist der „herabschauende Hund", aus dem heraus verschiedene Bewegungen geübt werden können.

Weniger gut und nur sehr dezent einzusetzen sind die Seitneigungen und Drehungen. Sie sind nicht kontrainduziert und können, mit der Dreh-Winkelatmung ergänzt und bei nicht endgradigem Üben, also nicht bis zum „Anschlag" reingehen, helfen, die Körperwahrnehmung und die „unterschiedlichen" Körperseiten zu erspüren. Sie sollten jedoch niemals forciert werden. Sowohl im „Dreieck" wie auch im „Drehsitz" können sich entweder der eine oder der andere Bogen weiter herausschieben, und die Skoliose kann destabilisieren; also Vorsicht!. Auch der „Schulterstand" erscheint mir durch die volle HWS-Flexion als zu intensiv für die prominenten Rippen.

Einen besonderen Stellenwert nehmen die mannigfachen Gleichgewichtsübungen des Yogas ein. Hier trainieren wir Propriozeption gepaart mit stabilisierender Muskelkraft. Gleichzeitig sehen wir hier rasche Fortschritte und steigern sowohl die Freude am Üben wie auch das Selbstbewusstsein. Zusammenfassend können wir die Ziele im „Scolio-Yoga" in drei Begriffen definieren: bewusst, beweglich und beschwerdefrei.

WAS SAGT DIE FORSCHUNG?

Wie im Kapitel 18 schon erwähnt, empfiehlt die amerikanische Skoliose-Stiftung 25 Yoga-Übungen. In der aktuellen Studie untersuchte Dr. Loren Fishman die Wirkung der Yoga-Positionen bei 25 Menschen mit verschiedenen Arten von Skoliose. Die Krümmung der Wirbelsäule nahm im Durchschnitt um 32 Prozent ab.

„Yoga zeigt ein Übungsmodell, um den lebenslangen Hang zur Skoliose umzubauen."

(DR. LOREN FISHMAN, MD, GESUNDHEIT & WISSENSCHAFT 11/2014)

Wie im vorangegangenen Kapitel schon erwähnt, heißt es: „Menschen mit Skoliose, die mehrmals wöchentlich eine bestimmte Yogahaltung, nämlich die seitliche Planke, für ein bis zwei Minuten halten, können so die Verkrümmung ihrer Rückenwirbel reduzieren". Das meinen Forscher der Columbia Universität in New York. Diejenigen Teilnehmer, die mehr als viermal wöchentlich die Yoga-Übung absolvierten, freuten sich über die größten Verbesserungen.

Laut den Wissenschaftlern ist Yoga vor allem für Heranwachsende mit Skoliose eine „gute Behandlungsmöglichkeit". Täglich ein kleines angepasstes Yoga-Programm durchzuführen bedeutet weniger psychische Probleme und mehr Selbstbewusstsein.

YOGA IST GANZHEITLICH

Yoga hat im Allgemeinen den Anspruch, den Körper gesund zu halten. Der Fokus liegt prinzipiell auf der Wirbelsäule und einer symmetrischen achtsamen Ausführung der Übungen. Beim Yoga soll Energie in Fluss gebracht werden. Energiebahnen und Energiezentren sollen angesprochen und gestärkt werden. Doch wirken Yogaübungen niemals auf den Körper allein. Das alte indische System zielt ursprünglich auf den Geist und klärt und stärkt die geistige Kraft. Eine tiefere Verbindung zum Leben an sich und sogar ein philosophischer Kontakt zur Quelle des Lebens und einer höheren Bewusstseinsebene kann entstehen. Verbunden mit dem Aspekt der Entspannung und der Beseitigung von Rückenschmerzen, erscheinen mir modifizierte Yogaübungen die ideale Ergänzung zur „Skoliose-Therapie nach Katharina Schroth" zu sein, um den häufig jungen Menschen in seiner „Ganzheit" zu stärken.

FALLBEISPIEL 1:

„Ich mache seit über 16 Jahren Yoga und war auch in Bad Sobernheim zur Skoliose-Kur. Dort wurde mir gesagt: ‚Oh Yoga – naja, besser nicht'. Ich bin jedoch der Meinung, eine bessere Ergänzung gibt es nicht! In Sobernheim wurde mir gesagt, ich hätte eine sehr gute Bauch- und

Rückenmuskulatur, und das wäre sehr wichtig für eine Verbesserung und Stabilisierung der Skoliose.

Meine Skoliose ist sicher auch durch die „yoga-trainierte" Muskulatur über die Jahre stabil geblieben und hat sich kein einziges Grad verschlechtert. Meine Drehwinkelatmung wurde vom Schroth-Atem-Therapeut sehr gelobt; außerdem hat er gemeint, dass Yogapraktizierende generell eine bessere Körperwahrnehmung hätten. Mein Physiotherapeut hat ursprünglich gemeint, dass ich das mit dem Yoga selbst entscheiden muss, aber inzwischen ist er sehr zufrieden mit den Ergebnissen bei meiner Skoliose. Wenn ich vorher oder nachher Yoga praktiziere, bin ich optimal gedehnt für oder nach Schroth-Übungen. Aber ich denke, auch Yoga allein kann die Krümmung stabil halten oder sogar verbessern. Zudem kann man wunderbar die Drehwinkelatmung einbauen."

FALLBEISPIEL 2:
„Da ich selber von Kindesbeinen an mit einer Skoliose leben muss, möchte ich hier allen betroffenen Mut machen, Yoga regelmäßig zu üben. Nach vielen Jahren Yoga-Praxis ist meine Skoliose zur Hälfte verschwunden. Allen Unkenrufen der Ärzte zum Trotz hat sich kein Buckel entwickelt, und ich habe keinerlei Rückenschmerzen oder sonstigen Probleme damit.

Meine Empfehlungen sind viele streckende Übungen und insbesondere Rückbeugen, wie Kobra, Bogen, etc. Wenn ihr regelmäßig übt, merkt ihr schon nach recht kurzer Zeit eine deutliche Erleichterung. Die Rückenschmerzen werden weniger, bis sie schließlich ganz verschwinden."

Der Generalist und die „Sympathikus Therapie"

Ein weiterer spannender Behandlungsansatz mannigfacher Beschwerden ist das vegetative Nervensystem, bestehend aus den Nerven: Sympathikus und Parasympathikus. Durch eine erfolgreiche Atlaswirbelkorrektur lässt sich häufig der Nervus Vagus, sprich der Parasympathikus, positiv beeinflussen. Sollte jedoch der Nervus Sympathikus, der Gegenspieler des Parasympathikus, beeinträchtigt sein, lässt sich dieser gut über die Rippengelenke oder das Kreuzbeingelenk erreichen. In der Wiederherstellung der inneren Statik der Kopfgelenke, der Wirbelsäule und der Kreuzbeingelenke, und durch das Ausgleichen des vegetativen Nervensystems in Kombination mit einigen leichten Yoga-Übungen, sehe ich die Möglichkeit, komplexe Beschwerdebilder ganzheitlich anzugehen und nachhaltig aufzulösen.

Kapitel 20

Neue Erkenntnisse beflügeln die Heilungschancen bei hartnäckigen Beschwerden wie Reizdarm, Schulter-Arm-Syndrom, Migräne und Tinnitus. Die Sympathikus-Therapie erkennt, dass Ursachen für viele chronische Beschwerdebilder Direkt am sympathischen Grenzstrang zu finden und zu behandeln sind.

REGIONAL BEGRENZT, CHRONISCH UND IN RUHE SCHLECHTER?

Vereinfacht gesagt bezeichnen wir Krankheiten als entweder körperlich oder geistig. Zwischen diesen beiden Aspekten steht häufig das vegetative Nervensystem. Viele Therapieansätze beziehen das vegetative Nervensystem in den Behandlungsplan mit ein. Dass jedoch das Vegetative und hier insbesondere der Sympathikus Direkt eine Ursache für Beschwerden sein kann, war bisher nicht im Fokus der behandelnden Ärzte oder Therapeuten. Dabei erweist sich die Sympathikus-Therapie als äußerst realitätstüchtig und als ursächliche Behandlung mit erstaunlicher Effektivität. Hier wird der Sympathikus Direkt orthopädisch behandelt. Damit dieser therapeutische Eingriff helfen kann, sollte das Beschwerdebild drei Faktoren beinhalten. Dann können die Symptome häufig dem Sympathikus-Nerv zugeordnet werden.

> Die drei relevanten Fragen lauten:
> 1. Sind die Beschwerden regional begrenzt?
> 2. Existieren die Symptome bereits länger als sechs Wochen, sind also chronisch?
> 3. Verschlechtern sich die Beschwerden in Ruhe oder über Nacht?

DER GENERALIST

In unserem Körper steuert das Gehirn im Wesentlichen zwei Nervensysteme: das somatische und das vegetative Nervensystem. Das somatische Nervensystem nimmt die Umwelt wahr und leitet Bewegungsimpulse für die bestimmten Körperteile weiter. Das Bild einer Wirbelsäule mit den jeweils zwischen zwei Wirbeln austretenden Spinalnerven mag dem Leser in Erinnerung sein. Sensorische Nerven leiten afferent, das heißt vom Körper zum Gehirn, und melden zum Beispiel Schmerz, Wärme und Kälte. Efferente Bahnen, die vom Gehirn in die Skelettmuskulatur ziehen, bewegen die verschiedenen Körperteile.

Für die unbewussten Abläufe wie Herzschlag oder die Darmtätigkeit haben wir das vegetative Nervensystem. Dieses besteht aus den beiden vegetativen Hauptnerven, dem Sympathikus und dem Parasympathikus. Letzterer ist hauptsächlich für innere Organe zuständig und dient der Regeneration in Ruhe. Im Muskel- und Skelett-System ist der Parasympathikus nicht vorhanden. Hier „regiert" der Sympathikus alleine.

Der Sympathikus ist der aktivierende Teil und wirkt auf den ganzen Körper. Daher wird er als „der Generalist" bezeichnet und kann jegliche Gewebe beeinflussen. Dadurch können sich bei Sympathikus-Irritationen unterschiedliche regional begrenzte Symptome manifestieren, wie zum Beispiel: Reizdarm, morgendliche Migräne, Tinnitus, trockenes Auge, rezidivierender Lippenherpes, chronische Ekzeme, Karpaltunnelsyndrom, chronisches Schulter-Arm-Syndrom, Rhizarthorse, Arthrose der Fingerendgelenke, Herzrhythmusstörungen oder Entzündungen an der Fußsohlen-Faszie oder Achillessehne.

Die Ursprünge des Sympathikus liegen neben Kernen im Mittelhirn hauptsächlich im Zwischenhirn, in Direkter Nachbarschaft zu den Arealen der elektro-chemischen Vorgänge der Emotionen. Diese, so auch Stressimpulse, werden folglich sehr schnell über den Sympathikus in den ganzen Körper verteilt. Hierbei wirkt der Sympathikus Energie-verbrauchend und ist damit ein ergotropher Nerv. Der genaue Verlauf der sympathischen Nervenfasern ist heute bekannt. Zum Beispiel laufen sympathische Nervenstränge im Bereich vom vierten Brustwirbel zum Herz, die den Herzschlag beschleunigen. Vom Bereich des zweiten Brustwirbels geht der Sympathikus in die Hand (Karpaltunnel-Syndrom), auf Höhe des dritten Brustwirbels zum Unterarm (Tennisellenbogen), vom dritten und vierten Brustwirbel in Oberarm und Schulter. Am achten Brustwirbel liegt die hauptsächliche Verbindung zum Dickdarm, Symptom: Reizdarm.

Die regional begrenzten Sympathikus-Bereiche werden nicht vom Parasympathikus regeneriert, sondern erholen sich lediglich durch die Ruhephasen des Sympathikus. Ist nun der Sympathikus unphysiologisch dauerhaft aktiv, spricht man von einer Neuropathie, und das Gewebe oder das Organ kann sich in Ruhe nicht erholen. Die Beschwerden sind sogar nach Ruhephasen oder am Morgen, bedingt durch die wenige Bewegung der Wirbelsäule und der Rippen in der Nacht, besonders stark. Zwei Beispiele wären hier die morgendliche Migräne oder die nächtlichen und morgendlichen Schulter-Arm Schmerzen, die sich im Laufe des Tages verbessern.

SYMPATHIKUSTHERAPIE

SCHEMATISCHE DARSTELLUNG NACH HEESCH UND STEINRÜCKEN

KOPF

Trockenes Auge, Sehstörungen, Schwindel, Tinnitus, Kopfschmerzen, Migräne, Horten-Neuralgie, lippen-Herpes, idiopathische Fazialisparese, Zaster im Gesicht	**L C 1 R**	Trockenes Auge, Sehstörungen, Schwindel, Tinnitus, Kopfschmerzen, Migräne, Horten-Neuralgie, Lippen-Herpes, idiopathische Fazialisparese, Zaster im Gesicht
	C 2	
	C 3	
Blockierung von C4: mechanische Schluckstörungen (über das Zungenbein) Levator scapulae-Syndrom	**C 4**	Blockierung von C4: mechanische Schluckstörungen (über das Zungenbein) Levator scapulae-Syndrom
	C 5	
	C 6	
	C 7	

Handekzem, Heberdenarthrose, Parästhesien der Finger, kalte Hände	**L Th 1 R**	Handekzem, Heberdenarthrose, Parästhesien der Finger, kalte Hände
Schmerzen am Daumensattelgelenk, Karpaltunnelsyndrom	**L Th 2 R**	Schmerzen am Daumensattelgelenk, Karpaltunnelsyndrom
Asthma, Reizhusten im liegen, Tennisellenbogen	**L Th 3 R**	Asthma, Reizhusten im liegen, Tennisellenbogen
Oberarmschmerzen, Armparästhesien — Herzrhythmusstörungen (in Ruhe)	**L Th 4 R**	Gallengangsdyskinesie — Oberarmschmerzen, Armparästhesien
Schulterschmerzen	**L Th 5 R**	Schulterschmerzen
Schultereckgelenk-schmerzen	**L Th 6 R**	Schultereckgelenk-schmerzen — Sodbrennen, (Gastroskopie ohne MagenbeschwerdenBefund)
	Th 7	
	Th 8 R	Reizdarm
Verspannungen im M. trapezius, pars transversa	**L Th 9 R**	Verspannungen im M. trapezius, pars transversa
	Th 10	
	Th 11	
	Th 12	

AN DER GANZEN BWS:
Zaster
Post-Zaster-Neuralgie
paravertebraler Juckreiz
Lichen amyloidosis

ERKLÄRUNGEN

KRANKHEIT, DIE BDS. AUFTRETEN KANN
(die Seite der Krankheitserscheinung ist mit der Seite der Dornfortsatzlage bzw. des Tenderpunktes identisch)

KRANKHEIT, DIE NUR „LINKS" AUFTRITT

KRANKHEIT, DIE NUR „RECHTS" AUFTRITT

DOMFORTSATZ-VERSCHIEBUNGNACHL/R

SCHMERZHAFTE TENDERPOINTS L/R

	L 1
	L 2
	L 3
	L 4
	L 5

THERAPIE:
1. Suche von lokalen Tenderpoints
2. Mikropressur dieser Punkte
3. Bei Schmerz nach 2 min Warten: Dauernadel
4. Korrektur der Wirbel-/ISG-Fehlstellung

Fersenschmerz, Pustulosis plantaris, kalte Füße	**L S 1 R**	Fersenschmerz, Pustulosis plantaris, kalte Füße
Sprunggelenks-/Fersenschmerz, Achillodynie	**L S 2 R**	Sprunggelenks-/Fersenschmerz, Achillodynie
Kniegelenkschmerzen, Wadenkrämpfe, *restless legs* Syndrom	**L S 3 R**	Kniegelenkschmerzen, Wadenkrämpfe, *restless legs* Syndrom
Hüft-/Oberschenkelschmerzen, seitlicher Hüftschmerz	**L S 4 R**	Hüft-/Oberschenkelschmerzen, seitlicher Hüftschmerz
Schmerzen im Becken	**L S5 R**	Schmerzen im Becken

© Copyright Steinrücken/Heesch 2014-04-01

Eine psychische Komponente kann bei solchen sympathikotonen Erkrankungen vernachlässigt werden, da sich ja die Beschwerden in Ruhe verschlechtern. Der Patient bekommt beispielsweise während des Anschauens eines Films im Fernsehen, also einer psychisch angenehmen Situation und in Ruhe, Herzrhythmusstörungen oder Schmerzen in der Schulter.

WIE KANN DER SYMPATHIKUS ERKRANKEN?

Betrachten wir im ersten Schritt die Brustwirbelsäule. Hier setzen die Rippen an den Wirbelkörpern an und bilden dort ein Rippenköpfchen, also eine Verdickung des Knochens. Direkt vor dem Rippenköpfchen liegt jeweils ein Ganglion oder anders gesagt, ein dicker Nervenknoten des sympathischen Grenzstrangs. Im Allgemeinen kann sich ein Wirbel verdrehen oder blockieren, also eine Fehlstellung einnehmen. Passiert dies in der Brustwirbelsäule, dreht sich der entsprechende Dornfortsatz hinten am Wirbel etwas zur Seite. Eine minimale Verschiebung genügt, um die zugehörige Rippe auf der Vorderseite des Wirbels nach oben und nach vorne zu schieben. Der sympathische Grenzstrang und das Ganglion sind über eine Membran fest an der Wirbelsäule fixiert und können somit nicht ausweichen. Das Rippenköpfchen komprimiert nun das Ganglion des Sympathikus. Er wird sich verhalten wie jeder komprimierte Nerv: er „feuert" dauerhaft. So ergeben sich keine regenerativen Ruhephasen mehr für diesen Sympathikus-Ast und das von ihm versorgte Gebiet.

Erfahrungsgemäß können sich auch Blockierungen des Iliosakralgelenks (ISG) und des Kopfgelenks im Sinne einer Sympathikus-Irritation auswirken. Hier ist das Os ilium, das Becken und das Okziput, das Hinterhaupt, als Rippenanalogon, also „rippen-ähnlich", zu betrachten. Die Mechanik ist jedoch noch ungeklärt, sodass das Modell, trotz seiner überaus erfolgreichen Wirkung in der Praxis, vorerst als prototypisch bezeichnet werden muss.

DER SYMPATHIKUS UND DIE ATLASWIRBELKORREKTUR

In Bezug zu den Beschwerdebildern Migräne, Schwindel und Tinnitus trifft die Weisheit der Sympathikus-Therapie auf die Erkenntnisse der Atlaswirbelkorrektur. Durch die kontrollierte und sanfte Repositionierung der Kopfgelenke werden neben dem Wiedererlangen einer korrekten Kopfposition und der damit verbundenen Verbesserung der Körperstatik, die Kompression des Wirbelrandes auf den Parasympathikus, den Nervus Vagus und eben auch auf den Sympathikus und dessen obersten großen Nervenknoten, das Ganglion cervicale superius, aufgelöst. Das Ergebnis ist eine Reizminderung im Gebiet der Kopfgelenke für den Sympathikus und den Parasympathikus und die Beseitigung zweier möglicher Ursachen für Kopfschmerzen, Schwindel und Tinnitus.

BEHANDLUNG UND FAZIT

Die Sympathikus-Therapie ist ein neuer praxisnaher Behandlungsansatz, der eine Reihe hartnäckiger Beschwerdebilder an deren Wurzel packt und durch orthopädische Interventionen gut und nachhaltig behandeln lässt. Im Bereich der Brustwirbelsäule kann mittels einer gezielten Wirbelkorrektur der Kompression des sympathischen Ganglions durch das Rippenköpfchen entgegengewirkt werden. Im Kreuzbein-Bereich kommen ebenfalls entsprechende Techniken zum Einsatz, um die dort liegenden Sympathikus-Fasern zu entlasten. Durch die Atlas-Axis-Korrektur der Kopfgelenke können Parasympathikus und Sympathikus von unheilvollem Druck befreit und die Körperstatik verbessert werden. Ergänzend zu den entscheidenden orthopädischen Korrektur- und Mobilisationstechniken werden abschließend Gitter- und kinesiologische Tapes angebracht und kleine Goldkügelchen in bestimmte und exakt ermittelte Akupunktur-Punkte eingesetzt. Ein Kontrolltermin empfiehlt sich nach drei bis vier Wochen.

Die Erkenntnisse zur Wirksamkeit der Anwendungen ergeben sich rein aus der Praxiserfahrung der Anwender. Die Sympathikus- und Atlastherapie sind somit keine schulmedizinischen Therapien. Die schulmedizinischen Alternativen sind die Behandlung mit Medikamenten oder Spritzen, also die medikamentöse Schmerztherapie.

Teil 3 Erkenntnisse rund um das Berliner Yogafestival

Der Gedanke, ein Yogafestival in Berlin zu veranstalten, stammte bestimmt nicht von mir allein. Als ich nachts über den großen freien Platz an der Chausseestraße in Berlin Mitte schlenderte, kam er zu mir. Ich hatte in den Ashram-Jahren viel Energie sammeln können und hatte Kontakte zu indischen und europäischen Yogis. Vielleicht suchte mich der Himmel deswegen aus. Nachdem ich aus der Abgeschiedenheit der Yoga-Zentren wieder in Berlin landete, hatte der „Yoga-Boom" einge-setzt. In Berlin gab es über 100 Yogaschulen. Ich spürte im Auftreten der verschiedenen Yoga-Richtungen eine Unsicherheit, die anderen Yoga-Stile und -Studios nicht wirklich zu kennen. So entstand Konkurrenzdenken und vielleicht sogar hier und dort eine kleine „Besserwisser-Mentalität".

Kapitel 21

Kumbha Mela

IM NAMEN DER UNSTERBLICHKEIT

Im letzten Abschnitt des Buches möchte ich gerne vom Projekt „Berliner Yogafestival" berichten. Aber den Anfang dazu finde ich wieder in Indien, beim größten Yogafestival der Welt, der Kumbha Mela. Hier steht das „Geben und Schenken" an erster Stelle; die Yogis kommen, um ihre Weisheit, ihre Energie und ihre beeindruckende Präsenz großzügig zu teilen.

Die Luft ist rauchgeschwärzt; es riecht nach Gewitter und Sturm. Selbst in der ansonsten kraftvollen Ruhe der „Stunde Brahmas", kurz vor Sonnenaufgang, herrscht heute Chaos und Aufruhr. Die Arati-Feuer vor den Zelten brennen hoch und heiß, während tausend und mehr Glocken einen gemeinsamen Ton erzeugen, der mein Hören wohltuend überfordert. Heute ist es so weit, es ist der letzte große Badetag vor dem Ende der Kumbha Mela, dem größten Yogafestival der Welt.

Wir sind bei den wilden Yogis der „Juna-Akhara"gelandet. Mataji, meine indische spirituelle Mutter, hat uns hier mit dem heiligen Feuer und den „Feuer-Yogis" bekannt gemacht. Unser Frühstück mit den asketischen Yogis besteht aus Tee mit Milch und Reis mit Ghee, der geklärten Butter. Für je 2000 Yogis werden hier täglich 1000 Liter Milch verkocht. Allein die „Juna-Akhara", einer der 13 großen Yoga-Clans Indiens, führt über 100.000 Asketen unter ihrem Banner.

KAMPF UM DAS HEILIGE BAD

Die Nachricht fliegt wie der Rauch der Feuer durch das Juna-Camp: 15.000 Naga-Yogis, die außer Asche und Blumen nur Stöcke und Schwerter tragen, haben die „Kumbh" zum großen Badetag betreten. Die Nagas, die Schlangen, sind für ihre Unberechenbarkeit, ihre Streitlust und

ihre mystischen Fähigkeiten bekannt. Auf letztlich allen großen Melas kommt es zu mehr oder weniger ernsten Kämpfen mit den Nagas um die ersten Plätze beim heiligen Bad.

Tausend nackte Füsse stürmen den Nagas entgegen: Har-Har-Mahadeva. Doch heute bleibt es bei Wortgefechten, Rempeleien und gekonnt inszenierten Kämpfen der Schwertträger. Das Gewitter bleibt vorerst aus. Gegen halb zehn scheint dann die Sonne. Die prachtvolle Prozession aller 13 „Akharas" Richtung Ganges beginnt. Unbeschreiblich schöne und stolze Yogis ziehen in einem Fahnenmeer singend an den andächtig strahlenden Gesichtern der unzähligen Zaungäste vorbei. Geschmückte und verspiegelte Wagen, von Pferden gezogen, tragen die höchsten Wesen unserer menschlichen Gesellschaft, die selbstverwirklichten großen Seelen, die von der Welt Befreiten. Der Strom der singenden Yogis reißt nicht ab und schwappt schließlich an der Hauptbadestelle „Har-Ki-Pauri" zwischen den alten Tempeln kontinuierlich in die heiligen Wasser der Ganga.

DIE GRÖSSTE MENSCHENMENGE DER WELT

Auf dieser Kumbh, die nur alle 12 Jahre in Haridwar stattfindet, sind 40 Millionen Pilger gezählt worden; andere Zähler sprechen von 50, wieder andere von 200 Millionen Teilnehmern. Es ist die größte und die einzige vom Mond aus sichtbare Menschenmenge auf dem Planeten Erde. Laut der indischen Mythologie fielen vor Urzeiten aus der himmlischen „Kumbh", einem goldenen Krug, vier Tropfen des „Nektars der Unsterblichkeit", Amrit, auf vier Plätze Indiens, die Orte der Kumbha Mela. Immer wenn Jupiter, Sonne und Mond in bestimmten Aspekten präzise zueinander stehen, manifestiert sich dieser Amrit in den Wassern des Ganges in Haridwar, und die Pilger baden förmlich in ihrer eigenen Unsterblichkeit.

Die Kumbha Mela existiert seit Zeiten, die vor den menschlichen Aufzeichnungen liegen. Indiens erster Präsident Jawahar Nehru sagte dazu: „Sogar vor Tausenden Jahren wurden die Melas schon als so alt angesehen, dass niemand sagen kann, wann ihre Reihe begann."

Die große Kumbh symbolisiert das beständige Streben der Menschheit nach Wissen und Erkenntnis. Manche wissende selbstverwirklichte Yogis leben so zurückgezogen im Himalaya, dass man sie nur alle 12 Jahre während der großen Kumbha Mela in Haridwar sehen kann.

YOGA, YOGA, YOGA

Gleichzeitig werden hier Podien gehalten, der Dalai Lama spricht, es wird spirituelle Politik gemacht. Die Yogalehrer Indiens protestieren geschlossen gegen die von der indischen Regierung geplanten monumentalen Staudamm-Projekte, die den Ganges und dessen Zuflüsse zu einem Rinnsal werden zu lassen. Aber letztendlich ist die Kumbh ein Fest der Yoga-Praktiker: Yoga, Yoga, Yoga, an jeder Ecke, so weit das Auge reicht. Auch extreme Praktiken sind hier zu bestaunen: der Trick, um lebendig 60 Stunden und länger unter Wasser zu sein oder eine Feuerschale in einem Ring aus Glut sitzend auf dem Kopf zu tragen, sei es, so sagte mir ein nur Obst essender Yogi, einfach so lange nicht zu atmen.

Man sieht hier Juna-Yogis, die 12 Jahre einen Arm gen Himmel halten, Babas, die 100 Cannabis Pfeifen pro Tag rauchen, Fakire, Heilige und Scheinheilige, alle sind sie da, niemand wird von der Kumbh abgelehnt, es ist das Fest der Feste, das größte Treffen der Menschheit überhaupt, es ist ein spiritueller Sturm aus Energie und Lebenskraft - Har-Har-Mahadeva. Einige der beeindruckenden Yoga-Meister der Kumbha Mela hatten unsere Einladung zum Berliner Yogafestival und zum Yogafestival-Camp zu kommen angenommen und konnten uns in Berlin ihre Weisheit, ihre Liebe und ihr Feuer schenken.

Im Spirit des Gebens – eine kleine Kumbha Mela in Berlin

Um die große Kraft und Schönheit des Yogas gemeinsam zu feiern und eine Yoga-Community zu werden, keimte der Gedanke, eine wunderschöne und große Veranstaltung zu organisieren, die alle Yoga-Fans und solche, die es vielleicht noch werden wollten, inspiriert und vor allem vereint. „Let's celebrate Yoga" war unser erstes Festival-Motto. Zehn weitere Mottos sollten folgen; das Berliner Yogafestival wurde mit über 10.000 Gästen das größte Festival seiner Art in Europa.
Katja Rück führte im Jahr 2010 ein Interview mit Miriam und mir für die Yoga-Zeitung.

Kapitel 22

Im Spirit des Gebens

EINE KLEINE KUMBHA MELA IN BERLIN

Yoga Zeitung: Miriam und Stefan, ihr seid die Begründer und Organisatoren des Berliner Yogafestival. Wie und wann hat alles angefangen?

Stefan: Ladies first.
Miriam: Stefan hatte die Idee, so etwas zu machen, und ich hatte gerade ein bisschen freie Zeit. Das war im Jahr 2003. Es war eine himmlische Inspiration, und dann haben wir einfach angefangen. Nach einem Jahr Vorlauf fand 2004 das erste Berliner Yogafestival statt.

YZ: Wie kamt Ihr auf die Idee?

Stefan: Als ich aus meiner Ashram-Zeit nach Berlin zurückkehrte, hab ich gesehen, dass in Berlin viele neue Yogaschulen und -Stile entstanden sind. Ich habe gesehen, dass da eine gewisse Distanz zueinander entstanden war. Wo Distanz herrscht, ist ein Konkurrenzdenken häufig nicht weit. Da hatte ich die Idee, einmal im Jahr einen Treffpunkt zu schaffen, wo man sich kennenlernen und begegnen kann und Distanzen abbaut. One love – one spirit – one yoga. Alle können dann das ganze Jahr über ihre Yogarichtung praktizieren. Aber einmal im Jahr gibt es eine Veranstaltung, wo man sieht: „Ach, die und die Yogarichtung, die sind ja total nett, und die Yoga-Praxis ist eigentlich nur im Detail verschieden."

YZ: Du hast also eine gemeinschaftsbildende Motivation?
Stefan: Wir Yogis in Berlin, wir haben eine große positive Kraft, wenn wir uns zusammentun!

YZ: War das Draußen-Sein auch ein Anreiz?

Miriam: Einfach mal Spaß haben war uns wichtig: dieses Zusammen-kommen, draußen in der Natur sein, Musik machen und hören und miteinander feiern. Und das auf einer yogischen Ebene, das schien uns sinnvoll. Früher haben wir gemeinsam Yoga im Tiergarten gemacht. Das war der Vorläufer dieser Open Air Story.

YZ: Es ist wichtig für Euch, vor allem den ganzheitlichen Aspekt des Yoga zu betonen und möglichst viele verschiedene Aspekte des Yogas aufzuzeigen?

Stefan: Wir wollen zeigen, dass Yoga viel mehr ist, als die Füße hinter dem Kopf zu verschränken oder auf einem Bein stehen zu können. Das Yoga-System in seiner Ganzheit ist wunderschön. Wir wollen Kraft aus ursprünglichen indischen Wurzeln des Yoga ziehen. Yoga hat einen unendlichen Tiefgang und bietet die Antworten auf letztendlich alle Fragen des Lebens. Dabei ist der Anteil der Körperübungen, also das, was populär ist, ein wichtiger starker „Ast" an diesem großen Baum des Yogas. Beim Yogafestival legen wir, zusätzlich zu den vielen großartigen Yoga-Workshops, Wert auf den philosophischen Hintergrund, auf die Psychologie des Yogas und auch auf die künstlerischen und musikali-schen Aspekte.

Miriam: Zurzeit wird gerade in den Fitnessstudios viel Yoga angeboten. Dort hat es oft einen starken körperlichen Bezug. Hier möchten die Teilnehmer die körperlichen, „gesundmachenden" Wirkungen genießen, sich aber nicht so Direkt mit der Philosophie auseinandersetzen. Doch die Yogaphilosophie ist eine Weisheitslehre. Wir können über die innere Auseinandersetzung damit viele Schätze für uns finden, jeder für sich, zur persönlichen Entwicklung, im Leben, im Alltag.

YZ: Wie möchtet Ihr diese Berührungsängste abbauen?
Miriam: Zum Beispiel dadurch, dass man einen tollen echten Yogi als Gastsprecher hört; jemanden, der das Wichtige so authentisch rüber-bringen kann, dass es Dich Direkt in Deiner inneren Wahrheit berührt.

Stefan: Alle Yoga-Techniken sind letztendlich dazu da, uns in den jetzigen Augenblick zu bringen. Auf dass wir lernen, diesen Moment genauer wahrzunehmen und uns in diesen Moment der Erfahrung zu vertiefen. Zu

oft sind wir gedanklich in der Vergangenheit oder in der Zukunft gefangen, anstatt den jetzigen Moment bewusster wahrzunehmen. Darum macht jede Yogaübung eigentlich genau dasselbe, egal ob wir Mantras singen, Asanas üben, Atemübungen oder geistige Übungen praktizieren. Wenn man einem Yogi begegnet, der im aktuellen Moment absolut präsent ist, ist das sehr inspirierend. Er ist angekommen. Angekommen an dem Ort, an dem wir auch gerne wären. Solche Menschen trifft man nicht allzu häufig. Das ist auch der Grund, warum wir uns bemühen, zum Yogafestival solch besondere Menschen aus aller Welt einzuladen.

YZ: Das diesjährige Motto ist: „Light your fire!". Was versteht Ihr darunter?

Miriam: „Light your fire" bedeutet, dass mit Yoga eine Art Lichterfahrung einhergehen kann. Licht ist Lebenskraft und Feuer ist eines der Elemente. Wir versuchen, uns auch über die fünf Elemente dem Thema Yoga zu nähern. Es ist sehr wichtig, nicht durch das hohe Denken und die Philosophie abzuheben, sondern durch den Kontakt mit den Elementen stetig mit der Natur gut verbunden zu bleiben. Schließlich lebt unser Körper durch die Elemente. Und wir dürfen nicht vergessen, dass sich auch der Geist aus dieser Basis nährt und erhält.

YZ: Woher nehmt ihr eigentlich die Energie für die Organisation solch eines großen Festivals?

Stefan: Das ist eigentlich einfach erklärt, denn es ist nicht „unsere" Energie, sondern es ist „die" Energie, die uns hierbei bewegt. Deutlich spüren wir einen „Auftrag", von wem auch immer, dieses Yogafestival zu machen. Mit vielen Helfern natürlich, die von diesen Auftrag ebenfalls inspiriert sind. Es ist also nicht unbedingt unsere freie Entscheidung, das Festival zu machen. Gleichzeitig erhalten wir so einen enormen Energie-Support. Es drückt uns immer wieder in die Richtung, dieses Festival zu organisieren – für die geistige Entwicklung, für die community und für den Frieden.

Miriam: Wir wollten öfter schon Pause machen, weil die Orga wirklich anstrengend ist. Aber irgendwie hat man dann immer wieder jemanden getroffen, der sagte: „Mensch, ich habe beim Festival mit Yoga angefangen, und es war das tollste Festival, wo ich jemals war!" Dann denkt man natürlich: „Mhmm, wir können eigentlich doch kein Jahr Pause machen..."

YZ: Und dann macht Ihr weiter?

Miriam: Wir haben gerade die Kumbha Mela, das große indische Yogafest, besucht. Hier steht das „Geben" im Vordergrund. Die Yogis, die ihre Camps dort machen, investieren viel. Das Gelände muss gemietet werden, die riesigen Zelte, die Aufbauten. Die Yogis, die so ein Camp leiten, laden hunderte und tausende Sadhus und Gäste regelmäßig zum Essen ein. Das sind andere Größen, aber das „Geben" ist absolut das Wichtigste dabei. So haben wir das jedenfalls aufgefasst: Man zahlt nirgendwo Eintritt, um Yogis zu sehen, um Vorträge und Konferenzen zu hören. Die Gläubigen und Familien kommen zur Kumbha Mela, um Yogis zu treffen und Segen zu erhalten. Das große Programm scheint wahnsinnig anstrengend für diese Yogis. Die ganze Zeit über kommen Leute nonstop und wollen etwas. Man bedenke, das ganze Fest dauert drei Monate; das ist schon eine Leistung. Und da herrscht nie so eine Mentalität von wegen: erst bitte zahlen und dann dürft ihr zu mir kommen!

YZ: War dieser Besuch eine Inspiration für eine kleine Kumbha Mela in Berlin?

Stefan: Es ist schließlich das größte Yogafestival der Welt, das alle paar Jahre in Indien stattfindet. Dieses Jahr waren dort 40 Millionen Besucher oder mehr! Da haben wir also noch ein bisschen Raum, um zu wachsen. Wir fangen mal im Kleinen an und könnten uns dann zur europäischen Kumbha Mela weiterentwickeln – in den nächsten 4000 Jahren.

Die Friedensbotschaft im Yoga

Das Yogafestival 2015 stand ganz im Zeichen des inneren und äußeren Friedens:

„Give peace a chance"

Lies hier einen Vortrag, den ich im Rahmen des Festivals, zum Thema „Frieden" hielt.

Kapitel 23

Der Planet Erde ist seit dem Erscheinen der Menschheit ein steter Ort von Krieg und Gewalt. Vieles in der Geschichte dreht sich um Kriege und Schlachten, um Waffenruhen und Friedensverträge. Beständig diskutieren Menschen über Frieden und Wege, ihn zu sichern. Krieg und Frieden sind psychologische Themen. Sie entstehen im Geist. Sie entstehen in jedem Einzelnen von uns.

Die Friedensbotschaft des Yoga ist anders; sie hat keine weltliche Perspektive, sie ist eine spirituelle Botschaft.
Zuerst gilt es für sich klarzustellen, ob man überhaupt an einer spirituellen Botschaft interessiert ist. Eine spirituelle Botschaft ist nicht so leicht zu verdauen, denn sie geht über den Bereich des weltlichen Verstandes hinaus und beschäftigt sich Direkt mit der Natur der Seele. Aber Seele? Was ist das, und habe ich überhaupt eine Seele? Im Yoga denken wir nicht an die Seele als etwas, was wir haben könnten, denn demnach wäre es auch möglich, sie wieder zu verlieren. Die Seele oder Atman ist das, was Du bist, nicht das, was Du hast. In diesem Moment zerkrümelt das Wort „Seele" zu Sternenstaub; man könnte sie jetzt auch einfach „ich selbst" nennen. Wollte man dieses „wahre" Selbst beschreiben, welche Eigenschaften würdet Ihr damit verbinden? „Licht, Weisheit und wunschlos glücklich sein", ja. Und wie wäre es mit „Freiheit und Frieden". Auch schön, nicht wahr. Ich selbst bin demnach also Freiheit und Frieden. Und in diesem Frieden bin ich Eins, weise und wunschlos glücklich.

Aber was heißt nun „wunschlos glücklich sein"? Bedeutet es, dass wir glücklich sind, wenn wir alle Wünsche erfüllt haben? Ich denke, das haben wir alle schon versucht und sind daran gescheitert. Ein Wunsch ist wie Feuer. Indem man den Wunsch erfüllt, gießt man eigentlich mehr Öl ins Feuer. Dadurch werden bald schon neue und größere Wünsche produziert. Oder sollen wir uns gar nichts mehr wünschen? Das klingt nicht angenehm in unseren Ohren. Und zu Recht, es ist uns nicht möglich, uns „Nichts" zu wünschen. So lange der Geist denkt, wünscht er auch; es ist die Natur des Geistes und damit völlig in Ordnung. Yoga unterdrückt niemals Gedanken. Yoga lehrt uns, Gedanken zu nutzen und idealerweise auch zu beherrschen. Der Yogi nähert sich dem „inneren Frieden", indem er seine Wünsche kontrollieren lernt. Nehmen wir an, der Wunsch sei ein großes Pendel, der absolute Frieden liegt am Tiefpunkt des Pendels. Je größer der Wunsch in unserem Geist, desto weiter heben wir das Pendel seitlich hoch. Sobald wir den Wunsch erfüllen, lassen wir das Pendel los, und es schwingt zum tiefsten Punkt. Dort sind wir super glücklich, wunschlos,

Frieden, Seele selbst. Jedoch währt der Moment nur kurz, denn das Pendel schwingt bereits auf der anderen Seite wieder hoch. Ein neuer großer Wunsch entsteht, und wir sind wieder unruhig und unzufrieden. Indem wir die Wünsche kontrollieren und Zufriedenheit, „Santosha", kultivieren, wählen wir vielleicht lieber kleinere, feinere Wünsche für uns und lassen sich das Leben etwas mehr von selbst heraus entwickeln. Dann heben wir das Pendel nur ein kleines Stück, und es schwingt nicht nur auf der anderen Seite nicht so hoch, sondern es ist auch länger und häufiger am Punkt von Glück und Zufriedenheit. Das ist die Voraussetzung dafür, sich selbst als Frieden erleben zu lernen. Der Yogi geht den Mittelweg, Buddha geht den Mittelweg. Der Yogi balanciert seinen Körper und Geist durch Yoga und Meditation. In dieser Balance entsteht immer häufiger das Gefühl von Verbundenheit, von einer gemeinsamen Ebene zwischen den Menschen, aber auch mit den Tieren und Pflanzen. Mitgefühl und Nächstenliebe erblühen und ein „gütiger Blick" entsteht. Mit diesem Grundgefühl von Zufriedenheit begibt sich der Yogi wieder in Meditation und Yoga und erkennt schließlich sein eigentliches Selbst als absoluten Frieden.

AHAM BRAHMA ASMI
Der Erleuchtete erlebt die Meditation dann vielleicht so: Indem er in der Meditation seinen Geist in seinen innersten Wesenskern sinken ließ und seine Augen nun von der Innenschau wieder nach außen wendet, verkündet er beseelt: „Aham Brahma Asmi" – Ich bin Brahman, das eine Selbst – unbegrenzt durch Körper und Geist. „Sat Chid Ananda", unbegrenzt durch Zeit und Raum bin ich reines Bewusstsein, unveränderlich, unverwundbar und eins mit der Quelle des Lebens. Mit absoluter Freude und absolutem Wissen bin ich in Dir und Du bist in mir. Nichts existiert außerhalb von mir selbst.

Wo ist in dieser großartigen inneren Erfahrung der Yogis Platz für Krieg, Neid oder Angst. Vor „wem" sollte ich Angst haben? Was könnte mir zum Glücklichsein fehlen, da ich in allem bin? Selbst die Idee, dass der Körper eines Tages sterben wird, verursacht keinerlei Unbehagen. Energie ist unzerstörbar, eine Quelle, ein Bewusstsein, one love, one heart.

Ich denke, ich bin der Finger einer Hand. Alle Finger sind unterschiedlich. Doch schaue ich mehr in die Tiefe, erkenne ich, ich bin gar nicht der Finger, ich bin ja die ganze Hand. Und Du bist auch solch ein Finger dieser Hand. Wieso sollte ich Dich verletzen wollen? Und solltest Du mich nicht als Finger Deiner Hand erkennen und mir wehtun, wie könnte ich mich an Dir rächen wollen? Es wäre unlogisch; ich verletze mich ja selber. Wenn ich dann aber noch tiefer gehe und mehr wahrnehme, sehe ich, ich bin nicht nur die Hand, ich bin ja der ganze Arm, nein, der ganze Körper, ich bin ja riesengroß, all das gehört zu mir – Aham Brahma Asmi.

INNERER UND ÄUSSERER FRIEDEN
Das Leben, das Karma auf diesem Planeten, ist für Menschen mit dieser höchstmöglichen Erfahrung sehr unterschiedlich. Einige ziehen sich von der Welt zurück und verlassen schließlich, am Ende dieses Lebens, friedlich ihren Körper. Andere Yogis werden ihre Erfahrungen lehren, Bücher schreiben oder sich sozial engagieren. Einige aber stellen ihre Zeit auf diesem Planten ganz in das Zeichen des Friedens.

SWAMI VISHNUDEVANANDA (1927–1993)
Unser geschätzter Yogalehrer Swami Vishnu war solch ein Yogi. Seine Friedensmissionen sind legendär. Im Oktober 1957 kam Swamiji aus Indien auf dem Seeweg nach Kalifornien. Im Gepäck hatte er 10 Rupien, den Segen seines Meisters Swami Sivananda (1887–1963) und eine Mission: er wollte den Menschen des Westens die Techniken des Yogas unterrichten und eine ganzheitliche Evolution zum Frieden einleiten. Durch unglaublichen Einsatz gründete Swamiji über 70 Yogazentren weltweit und bildetet seit Anfang der 60er Jahre die ersten Yogalehrer im Westen aus.

Für Swami Vishnu existierten weder innere noch äußere Grenzen. Er lernte selber, ein kleines zweimotoriges Flugzeug zu fliegen. Dies bemalte er bunt mit dem berühmten Pop-Art-Künstler Peter Max und taufte es „peace plane". 1971 begann er seine Friedensflüge zu verschiedenen Krisengebieten. Auf seiner ersten „peace mission" flog er mit dem Schauspieler Peter Sellers als Copilot über das schwer kämpfende Belfast und bombardierte die Soldaten mit Blumen und Friedensbotschaften. Weitere hochbrisante Friedenseinsätze folgten. Als Swamiji beim Krieg am Suezkanal die Schützengräben mit Mantras und Blumen bewarf, drohte man mit einem Direkten Abschuss. Swamiji machte weiter und wurde in den Medien nunmehr als „The flying Swami" bekannt.

BERLIN

Die Stadt Berlin war für Swami Vishnu sehr wichtig. Er sah hier auf der Astralebene große, vom Krieg übriggebliebene, negative Kräfte. Die Mauer war ihm ein Dorn im Auge. Swamiji beschloss, als Zeichen für den Frieden, über die Berliner Mauer zu fliegen und ein großes Yogafestival, das „Global Village Peace Festival", Direkt an der Berliner Mauer zu organisieren. 1983 schwebte er mit einem nach Berlin geschmuggelten Ultraleicht-Flugzeug von West- nach Ostberlin. Auf die Frage eines Reporters, ob er denn gar keine Angst habe, bei der Aktion zu sterben, antwortete Swamiji: Sterben sei für ihn nichts Neues. Und wenn schon, stürbe er lieber für den Frieden als für den Krieg.

Solch ein Mut und ein derartiges Verlangen nach Frieden erwächst im Yogi, der sein wahres Ich als Frieden und Freiheit erkannt hat.
Ich persönlich gedenke bei der Organisation des „Berliner Yogafestivals" gerne des Berliner Friedensflugs und des „Global Village Peace Festivals". In diesem Jahr steht das Yogafestival ganz im Zeichen der Entwicklung von innerem und äußerem Frieden.

Das Yogafestival und die Kraft der Gedanken

Das neue Bewusstsein eines positiven und lebensförderlichen Umgangs mit der Welt und den Mitmenschen blüht an vielen Stellen. Eine davon ist das Berliner Yogafestival, das spirituelle Menschen und solche, die es werden wollen, zusammenbringt. Eigentlich wollte ich einen Text zum Berliner Yogafestival schreiben. Doch irgendwie mochten meine Gedanken lieber in eine allgemeinere Richtung gehen und fingen an, sich selbst zu beschreiben.

Kapitel 24

Die Kraft der Gedanken

Der Mensch sät einen Gedanken – und erntet eine Handlung.
Er sät eine Handlung – und erntet eine Gewohnheit.
Er sät eine Gewohnheit und erntet einen Charakter.
Er sät einen Charakter und erntet – sein Schicksal.
Daher ist das Schicksal Dein eigenes Werk, und Du kannst es ändern,
indem Du Deine Denkweise änderst."

(frei nach Swami Sivananda)

ACTIO ET REACTIO

Der Mensch denkt und erschafft sich seine Welt. Durch sein Denken sendet er eine Art Schwingung aus, eine Energie, die auf seine Umgebung wirkt. Licht reist mit einer Geschwindigkeit von 300.000 km pro Sekunde, doch Gedanken bewegen sich tatsächlich ohne jeden Zeitverlust.

Dass man mit manchen Menschen gerne zusammen ist und von anderen eher Abstand halten möchte, liegt häufig an der Schwingung ihrer Gedanken. Gedanken besitzen eine subtile, aber dadurch umso stärkere Kraft. Fortgeschrittene Yogis berichten sogar, dass sie Gedanken bewusst übertragen können und dass Gedanken materiell sind. Sie besitzen eine Farbe, ein Gewicht und eine Gestalt. Ein Gedanke der Wut erscheint dunkelrot, ein spiritueller Gedanke gelb oder orange. Genauso wie eine Kerzenflamme oder ein ins Wasser geworfener Stein konzentrische Wellen aussendet, so sendet der Mensch, je nach der Kraft seiner Gedanken, Schwingungen aus, die sich in „Manas", der geistigen Atmosphäre, ausbreiten. Wir sind von einem Meer aus Gedanken umgeben; einigen folgen wir, andere weisen wir zurück. Senden wir einen guten und liebevollen Gedanken aus, helfen wir damit demjenigen, an den wir ihn senden. Außerdem wird laut des Gesetzes des Karma,

»Actio ist gleich Reactio«, eine gute und liebevolle Energie zu uns auf dem einen oder anderen Weg zurückkehren. Gleichzeitig wirken wir mit guten Gedanken positiv auf das „Gedankenmeer" ein, die „Akasha". Das gleiche Prinzip greift natürlich auch bei negativen und destruktiven Gedanken. Ein schlechter Gedanke schadet der Person, an die wir denken, uns selbst als karmische Reaktion und der Gedanken-Atmosphäre im Ganzen. Vielerlei Krankheiten entstehen aus schlechten Gedanken.

GLEICH UND GLEICH GESELLT SICH GERN

Hegst Du negative Gedanken, kommen weitere negative dazu. Bemühst du Dich um erhabene Gedanken, ziehst Du großartige und positive Gedanken anderer an.

Manchmal erschaudert man, wenn man bemerkt, dass der eigene Geist negative Gedanken kreiert. Das ist ein Zeichen spirituellen Fortschritts. Es ist sogar so, dass einem, sobald man meditieren möchte, gewahr wird, wie viele negative oder destruktive Gedanken durch den Kopf ziehen. Der Geist leistet anfänglich großen Widerstand gegen neue positive Gedanken. Das ist häufig der Grund für Yoga-Anfänger, die ersten Meditationsversuche wieder einzustellen. Doch übt man weiter »positives konstruktives Denken«, werden die positiven Gedanken die negativen schließlich ersetzen. Das Positive ist letztendlich immer stärker als das Negative; das ist ein Naturgesetz.

Ein fauler Geist entwickelt gerne üble Gedanken. Beschäftige ihn lieber. Tue nützliche oder wohltuende Dinge: anderen helfen, gute Bücher lesen, schön arbeiten, Lieder singen, kochen, Musik machen, Yoga üben oder Kindern und Alten helfen. Gute Taten sind ein Sprungbrett zum Fortschritt im Yoga.

EINE NEUE GEDANKEN-ZIVILISATION

Umweltzerstörende Technologien, „Klimakiller" und alle Arten von Waffen vernichten Leben und zerstören den Reichtum der Welt. Entscheidest Du Dich bewusst gegen solch üble Energien und unterstützt vielmehr den gesunden, ökologischen und spirituelle Weg und all diejenigen, die ihn mit Dir gehen, pflanzt Du kräftig Positivität in der geistigen Welt.

Kinder und Jugendliche brauchen dringend positiven „Input" und gesunde Gedanken. Einen Verbrecher bestraft der Staat, doch mindestens genauso schlimm und häufig ungesehen ist es, negative und destruktive Gedanken in den Geist von Kindern zu verankern. Derjenige verursacht sozusagen eine Vielzahl zukünftiger Negativität oder Verbrechen. Die Kindheit formt stark unsere Art zu Denken. Yoga und Philosophie könnten in den Schulen und Universitäten verstärkt gelehrt werden und einer neuen friedvollen und glücklichen Generation beim Heranwachsen helfen.

„Aham Brahma Asmi – Ich bin Brahman", das ewige Bewusstsein, nicht der Finger zu sein, sondern der ganze Körper, könnte ein allgemeines Gedankengut sein und sich mehr und mehr in der Lebenserfahrung realisieren. Ich bin nicht dieser Körper, ich bin nicht dieser Geist, ich bin Atman, echte Liebe, unvergänglich, unsterblich und in der Essenz von Zeit und Raum nicht begrenzt. Ich bin frei und voller Glück, nichts kann mein Selbst zerstören. Die Wahrheit liegt jenseits der Gedanken.

DAS BERLINER YOGAFESTIVAL

Als ich nachts über den Platz an der Chausseestraße schlenderte, kam der Gedanke aus dem Himmel zu mir, ein Yogafestival für Berlin zu veranstalten. Welche Kraft hinter einem kleinen Gedanken stehen kann, sieht man an den 10.000 wunderschönen Gesichtern unserer Gäste, dem begeisterten Einsatz unseres 130 Personen starken Veranstaltungsteams und den großartigen Yogis aus aller Welt, die die Yogafestival-Idee unterstützen.

Im Gespräch mit Pari, einem spirituellen Meister und Musiker

Die Musiker Satyaa und Pari sind seit Jahren fester Bestandteil des Berliner Yogafestivals und berühren und bewegen mit ihren Konzerten Herz und Beine. Hier befrage ich Pari zu seiner Musik, seinem Weg zu sich selbst und gelebter Spiritualität im Alltag.

Kapitel 25

Gott ist tanzbar

Stefan: Pari, du bist ein Mensch, für den Spiritualität sehr wichtig ist. Wie würdest du die Begriffe „Yoga und Spiritualität" erklären?

Pari: Es ist schon als ein großer Segen anzusehen, wenn ein Mensch sich überhaupt für sich selbst interessiert und herausfinden möchte, was seinem Leben Sinn, Freude und Erfüllung geben könnte. Häufig lebt man nur so vor sich hin und erfüllt Pflichten, läuft sogenannten Sachzwängen hinterher und nimmt sich selten Zeit innezuhalten. Die Suche nach mehr Stille, nach einem Sinn oder gar Erfüllung, führt zwangsläufig zu Methoden wie Yoga und allgemein zu Spiritualität. Yoga ist ein ganzheitlicher Weg, um zu sich selbst zu finden und sowohl körperlich wie emotional und geistig zu gesunden. Spiritualität drückt sich in allen Bemühungen aus, herauszufinden, „wer ich bin" und Glück zu finden. Seit es Menschen gibt, suchen sie, mit der Gabe des fragenden Geistes ausgestattet, nach ihrem Ursprung und ihrer wahren Identität. Dies ist nichts Neues. Alle Religionen und philosophischen Richtungen inklusive aller atheistischen Erklärungen basieren auf dieser Suche des Menschen nach seinem eigenen Selbst. Schon die ersten Fragen unserer Kinder sind Spiritualität in Aktion! Es ist das Grundrecht des Menschen, danach zu forschen, und dies sollte als solches anerkannt werden. Erst dies zeichnet ein menschliches Leben aus und kann es zu einer Feier und Freude am Hier-Sein werden lassen.

Stefan: Was hat damals dein Interesse für Spiritualität geweckt? Hattest du ein spirituelles „Erwachen"?

Pari: Es gab einen inneren Durst, einen Drang herauszufinden, was dieses Leben bedeutet. Ich hatte keine sonderlichen Probleme, und mein Leben verlief in ruhigen Bahnen. Es gab keine besonders „traumatischen" Erlebnisse, nur immer diesen inneren Drang, nach etwas zu suchen, von dem ich nicht mal genau wusste, was es sein könnte. Als ob da eine Ahnung war, dass „dies" nicht alles ist. Ich entdeckte Yoga in den Mitt-Siebzigern, da war es noch nicht so modern und man bekam kaum Literatur darüber. Wie ganz von selbst fing ich an, zu meditieren und verschiedene Asanas zu praktizieren. Jedes Mal konnte ich feststellen, dass ich mich besser fühlte nach so einer selbst zusammengestellten Yoga-Stunde. Eines Tages erlebte ich bei einer Meditation etwas, was sich als ein Stillstand meines Geistes / Verstandes beschreiben ließe. Ich fühlte mich zwar nicht „erleuchtet", aber extrem erleichtert! Diese Erfahrung hielt tagelang an, und danach wollte ich diesen Zustand irgendwie wieder haben. Aber es war unmöglich, ihn zu erzeugen. Ich war mit einem großen Paradoxon konfrontiert: Meine eigene unbeabsichtigte Abwesenheit war gleichzeitig eine wunderbare, erfüllende und zutiefst friedliche Anwesenheit von etwas anderem.

An diesem Punkt suchte ich nach jemandem, der mich verstehen und mir hier weiter helfen konnte. Es fing eine Suche an, eine Suche nach Meistern, bei denen ich nicht nur Antworten suchte, sondern einen Weg, in diesen wunderbaren Zustand zu gelangen. Da ich diese absolut merkwürdige Erfahrung gemacht hatte, hatte ich einen Geschmack davon und wollte mich nicht mit anderen Dingen aufhalten. Lange Vorbereitungen, schwierige Übungen und Selbst-Kasteiungen zogen mich nie an, da ich wusste, dass die Lösung schon hier und ganz einfach sein muss. Nur stand mir meine eigene Erfahrung, obwohl so schön, als Erinnerung im Weg.

An diesem Punkt traf ich einen Meister: Papaji aus Lucknow in Indien. Die süße Erinnerung wich und gab den Raum frei für das lebendige Leben von Moment zu Moment. Ich kann nicht sagen, dass ich da „erleuchtet" wurde, denn irgendwie war ich nicht anwesend, während eine enorme Präsenz anwesend war, die alles in mir verstummen ließ. Mittlerweile kann ich sagen, dass selbst diese andere Präsenz keine „unterschiedliche" ist, es gibt nur diese eine. Ein Rätsel, ein Wunder geradezu, wie man es schafft, eine andere, eigene kleine Präsenz zu formen und dann innerhalb dieser nach allem Möglichen zu suchen. Nach Liebe, nach Gott, nach Glück. Wenn man es „Erwachen" nennen möchte, könnte man es eine spontane Erkenntnis nennen, die Erkenntnis, dass es nur diese eine Präsenz gibt, ohne jemanden, dem sie gehört. Und diese Erkenntnis kann von niemandem erarbeitet oder gar erzwungen werden, weil sie bereits der Fall ist.

Stefan: Du wirst auf dem Berliner Yogafestival, neben dem mitrei-ßenden Konzert mit deiner Frau Satyaa, auch einen Satsang, also eine Art Vortrag, geben. Weißt du schon, was du den Menschen dort sagen möchtest?

Pari: Das Gute am Satsang ist, dass er immer frisch ist, das heißt, es braucht weder Vorbereitung noch Nachbearbeitung. Jedes Mal sind die Menschen neu, ihre Fragen und Anliegen anders.
Es ist ja keine so ernste Angelegenheit, eigentlich sogar sehr humorvoll, nach sich selbst zu suchen. Wenn man über sich selbst lachen kann, hat auch Gott eine Chance; er hat ja nicht erst das Leid geschaffen, um uns anschließend nach der Lösung suchen zu lassen. Wir sind wirklich Schöpfer von beidem: des Problems und der Lösung. Daher hat auch so ein Problem nicht ewig Bestand und die jeweiligen Lösungen eben auch nicht. Wie heißt es so schön: „zum Tango gehören zwei". Was wir tun können, ist zu lernen, immer mehr zu entspannen, immer mehr die Schönheit dieses kleinen unschuldigen Moments zu erleben. So sehr zu entspannen, dass es nicht mehr so spannend ist, unlösbare Probleme zu besitzen und neue spannende Lösungen zu finden. Dann macht sich ein stilles Schmunzeln im Herzen breit. Jegliche Spiritualität besteht darin, unsere liebevolle Aufmerksamkeit auf Bewusstsein, auf das Gewahrsein, auf das Selbst, das „Ich bin" zu richten.

Stefan: Was war das schönste Erlebnis deines Lebens, an das du Dich erinnern kannst?

Pari: Oh, jetzt muss ich in meiner Foto-Galerie nachschauen ... da gibt es viele schönste Erlebnisse, jedoch würde ich das „Jetzt" als das schönste Erlebnis bezeichnen. Erinnerung ist wie ein schöner gepflegter Friedhof. Nichts gegen schöne Friedhöfe, ich gehe gerne dort spazieren, da ist eine schöne Stille und viele schöne Blumen. Viele Menschen meinen, dass wahrscheinlich der Moment des „Erwachens", der Erleuchtung, der schönste Moment im Leben ist. Tatsache ist, dass Erleuchtung keine Erinnerung sein kann und in keinem Moment geschieht, das heißt, es ist ein spontanes Gewahr-Werden außerhalb von Zeit.

Stefan: Satyaa und Pari: Wenn ihr beide auf der Bühne seid, berührt ihr die Herzen der Menschen so, dass viele mitsingen, tanzen oder zu Tränen gerührt sind. Wie kommt das?

Pari: Satyaa und ich singen zu den Herzen der Menschen, die zu unseren Konzerten kommen. Wir machen dies nicht als Projekt oder als Trick oder sonst etwas, sondern wir leben so. Es ist keine Musik, die unterhalten soll, obwohl sie auch wirklich „die Zeit vertreibt", sie berührt die Sehnsucht im Herzen nach Liebe, nach Einheit und Geborgenheit, nach Gott.

Diese Sehnsucht hat nichts Heiliges an sich, sie ist höchst reell, menschlich, tanz- und singbar. Wir versuchen nicht die Menschen irgendwohin zu bringen, wo man sich gut fühlt, sondern hier und jetzt so zu lieben und zu leben, wie es unseren menschlichen Herzen entspringt. Gott ist tanzbar! Dies ist der Weg des Bhakti-Yoga, des Yoga der Hingabe an Gott. Man braucht ihn nicht ergründen, sondern lediglich sein Herz für ihn zu öffnen. Wir haben dies jahrelang bei unserem Meister in Indien getan, der uns vorgelebt hat, dass Wissen und Hingabe letztlich dasselbe sind.

Stefan: Seit einigen Jahren seid ihr ein fester Bestandteil und immer wieder ein Highlight auf dem Berliner Yogafestival. Was hat euch hier besonders gefallen?

Pari: Die Lebendigkeit und die einfache, menschliche Atmosphäre! Wir fühlen uns hier sehr wohl, weil das Berliner Yogafestival eine erfrischende Mischung aus Open-Air-Happening und vielen Angeboten mit wirklich interessanten Beiträgen zu Yoga und Meditation ist. Es gibt Veranstaltungen mit ähnlichen Themen, die sich sehr ernst darstellen, und man bekommt gleich ein schlechtes Gewissen, wenn man heute noch nicht an sich gearbeitet hat! Hier spürt man, dass alles gut organisiert ist, ohne den Charakter von einem Live-Happening mit viel Raum für Spontaneität und Freude zu verlieren. Hier hat jede Richtung des Yoga ihre Gleichwertigkeit, sodass die Atmosphäre entspannt bleibt. Wir lieben es, vor Leuten zu singen, die sich auch trauen zu singen und zu tanzen, und davon gibt es in Berlin mehr als genug!

Stefan: Lieber Pari, ich danke Dir für Deine Zeit und Deine Worte.

Epilog

Meine fünf spirituellen Weisheiten

1. ICH BIN EINZIGARTIG – UND DU BIST ES AUCH!

Es gibt niemanden, der Dir ähnlich ist. Daher vergleiche Dich nie mit anderen. Das größte Geschenk des Himmels ist, dass Du einmalig bist. Wenn Du damit aufhörst, Dich mit anderen zu vergleichen, beginnst Du das Potential Deines Lebens zu leben. Doch von Kindheit an wurdest Du darauf geprägt, Dich permanent zu vergleichen: Wer hat bessere Schulnoten, wer kann schneller rennen, wer ist hübscher, wer erfüllt die Norm in Schule und Ausbildung? Motivation ist gut, doch aus dem Vergleich entsteht das Ego und damit Überheblichkeit oder Minderwertigkeit. Du bist mit all den Erfahrungen dieses und Deiner letzten Leben so unglaublich einzigartig, dass es Dir mehr und mehr Freude bereiten wird, einfach so zu sein, wie Du bist, und jeden anderen in seiner Einzigartigkeit anzuerkennen. In unserer wahren Natur sind wir Bewusstsein pur. Gegossen in die verschiedensten Formen, um das Leben zu erleben und um das Geschenk unserer Einzigartigkeit zu entfalten.

2. DIE FLAMME AN EINEM WINDSTILLEN ORT

In Dir ist ein Ort, den Du kennst. Er ist Dein Zuhause. Du bist da. In der Tiefe des Herzens, im Kämmerlein des Selbst, brennt Dein Bewusstsein als stille Flamme, hell und warm. Nichts kann die Flamme löschen, nichts kann sie berühren. Um die Flamme tost der Sturm des Lebens, der Sturm der Liebe, der Wind der Vergänglichkeit. Lass Dich gerne vom Leben mit all seiner Intensität berühren, aber vergiss nicht: Du selbst bist die Flamme, hier bist du frei.

Tat Twam Asi – Du bist Das.

3. EVERY BREATH YOU TAKE – EVERY MOVE YOU MAKE

Was Du wahrnimmst, ist fließende Energie. Bade in der Aura Deines Körpers. Spüre die Kraft der Gedanken. Folge der Intuition. Sei neugierig und werde Dir der fließenden Energie bewusst. Spüre, was sich aus Dir heraus manifestieren möchte. Und wenn da gerade kein Impuls ist, Kräfte in die Welt zu bewegen, beobachte ohne zu beurteilen, mache eine Pause und erinnere Dich an die Schönheit der Flamme Deines Bewusstseins. Entspanne Dich im Hier und Jetzt. Wovon ich hier spreche, ist die Erfahrung in einer Yogastunde oder einer feinen eigenen Yogapraxis. Yoga zeigt den Weg.

4. KREATIVITÄT IST DES MENSCHEN HÖCHSTES GUT

So einzigartig jeder Mensch ist, so groß ist seine Kreativität. Sie ist die Haupteigenschaft des Menschen. Zufriedenheit und größte Glücksgefühle entstehen, wenn Du Deine Kreativität leben kannst: wenn Du erschaffst, wenn Du singst, wenn Du Probleme kreativ löst, wenn Du einen kreativen Vorschlag machst, wenn Du einen Baum pflanzt, ein Buch schreibst, ein Kind zeugst. Jeder Ausdruck unserer selbst ist kreativ. Wenn uns aber Körper oder Geist durch Blockaden oder Schmerz den kreativen Ausdruck verwehren, sind wir unglücklich. So ist es das Ziel meiner Arbeit als Physiotherapeut und Yogalehrer, dem Menschen mehr und mehr seine eigentliche Kreativität und damit die Lebensfreude wieder zu ermöglichen.

5. ALL IS ONE IS ALL

172

STEFAN DATT

1972 in Wiesbaden geboren. Heute selbständiger Heilpraktiker für Physiotherapie und Yogalehrer in Berlin.
Im Alter von 24 Jahren zog es ihn auf der Suche nach einem tieferen Verständnis der großen Zusammenhänge zwischen Körper, Geist und Seele für sechs Jahre in einen indischen Ashram, um dort ein Leben in Yoga, Meditation und selbstlosem Dienst zu leben.

In Berlin-Charlottenburg führt er eine wunderschöne Physiotherapie-Praxis mit sechs großartigen Physiotherapeuten. Mit seiner Frau Miriam betreibt er die Yogaschule „Lernen in Bewegung", unterrichtet leidenschaftlich Yoga und Meditation und bildet als Highlight des Jahres seit 2004 jährlich eine Gruppe motivierter Yogis zum Yogalehrer oder zur Yogalehrerin aus.

JAMES BOTH

Bothen-
stoffe

365 TAGE
INSPIRATION
FÜR DEIN
BEWUSSTSEIN

EBENFALLS IM FINEBOOKS VERLAG ERSCHIENEN:

James Both sendet uns Bot(h)enstoffe. Dieses Buch ist ewiger Kalender und Work-Book zugleich. Für jeden Tag hat James Gedanken, Inspirationen und Aufgaben zusammengetragen, die in und mit einem arbeiten.

Schmunzeln, Besinnen und Nachdenken – wenn Inspiration und Emotionen zu Wort kommen, dann kommt man an diesem Buch nicht vorbei. Ein berührendes und inspirierendes Geschenk für Dich selbst oder für andere!

**JAMES BOTH „BOTHENSTOFFE –
365 TAGE FÜR DEIN BEWUSSTSEIN"**

Softcover
204 Seiten
ISBN 978-3-948373-17-7

Hier versandkostenfrei bestellen:
https://finebooks.myshopify.com/products/bothenstoffe-yellowedition

*fine*BOOKS